HERMANN EICHLER · GESETZ UND SYSTEM

Schriften zur Rechtstheorie

Heft 20

Gesetz und System

Von

Hermann Eichler

Professor der Rechte an der Hochschule
für Sozial- und Wirtschaftswissenschaften
in Linz

DUNCKER & HUMBLOT / BERLIN

Gedruckt 1970 bei Alb. Sayffaerth, Berlin 61
Printed in Germany

Vorwort

Die vorliegende Abhandlung vereinigt und erweitert zwei Vorträge des Verfassers,

„Das Gesetz"
und
„Die Rechtskreise der Erde".

Den erstgenannten Vortrag hielt der Verfasser vor der Oberösterreichischen Juristischen Gesellschaft, den anderen vor der Juristischen Fakultät der Universität Pamplona.

Knüpften schon beide Referate an frühere Veröffentlichungen des Verfassers an, so auch jetzt wiederum diese Arbeit, die insofern eine Verbindung herstellt, als sie nicht eine isolierte Lehre vom *Gesetz* oder Theorie des *Systems* entwickelt, sondern der *Gegenseitigkeitsbeziehung* zwischen beiden Phänomenen nachgehen will. Im Ausgangspunkt gehört die Untersuchung der *allgemeinen Rechtslehre* an, wiewohl sie im späteren Verlauf in die Bahnen des *Privatrechts* eingelenkt wird, weil die Systematik der Zivilrechtskodifikationen unter verschiedenen Aspekten in den Vordergrund der Betrachtungen rückt.

Hiermit sollte indes weder ein Beitrag zur Privatrechtsgeschichte noch zur Privatrechtsdogmatik geleistet werden. Das gleiche gilt für das öffentliche Recht, das gelegentlich von den Ausführungen über das Gesetz gestreift wird. Nicht anders verhält es sich schließlich mit den gesetzessoziologischen Bemerkungen, die nur eine Brücke zur Rechtssoziologie schlagen sollen.

Der Verfasser war dennoch bestrebt, einen Teil der Literatur der von der Thematik besonders berührten Rechtsgebiete zu verarbeiten, war aber aus naheliegenden Gründen überall auf eine Auswahl aus dem unübersehbaren Schrifttum beschränkt, die besonders dadurch erschwert wurde, daß vom Gesetz und System häufig nur beiläufig gesprochen wird.

Die in letzter Zeit über den Wert der Systematik angestellten Untersuchungen, die von der „Topik und Jurisprudenz" *(Viehweg)* oder von der Verfangenheit von „Rechtsvergleichung, System und Dogmatik" *(Zweigert)* ausgehen, berühren in erster Linie das Verhältnis von Recht und System, und deshalb nur in mittelbarer Weise die vorliegende

Abhandlung, die im Ergebnis auch auf dem Standpunkt steht, daß die Jurisprudenz ein zwingendes, logisches System nicht hervorzubringen vermag.

Danken möchte ich bei dieser Gelegenheit Herrn Kollegen Hahn für freundliche Hinweise. Mein Dank gilt ferner der Assistentin Frau Dr. Floßmann, die mir wertvolle Dienste bei der schwierigen Literaturbeschaffung leistete.

Linz, im Juli 1969 *Der Verfasser*

Inhaltsverzeichnis

A. Einführung

B. Theorie des Gesetzes

C. Das System der Gesetze

D. Das Rechtssystem

E. Privatrechtssysteme der Gegenwart und Zukunft

Abkürzungsverzeichnis

ABGB	=	Allgemeines bürgerliches Gesetzbuch
AcP	=	Archiv für civilistische Praxis
ALR	=	Allgemeines Landrecht für preußische Staaten
BGB	=	Bürgerliches Gesetzbuch
BGBl.	=	Bundesgesetzblatt
BGH.	=	Bundesgerichtshof
BVerfGE.	=	Entscheidungen des (deutschen) Bundesverfassungsgerichts
B.-VG.	=	Bundes-Verfassungsgesetz in der Fassung von 1929
C. c.	=	Codice civile
DRWB.	=	Deutsches Rechtswörterbuch
EG.	=	Einführungsgesetz
GG.	=	Grundgesetz für die Bundesrepublik Deutschland vom 23. Mai 1949
GR. (RSFSR)	=	Graždanskij kodeks — Zivilgesetzbuch der RSFSR
Hans. Gbl.	=	Hansische Geschichtsblätter
HDStR	=	Handbuch des Deutschen Staatsrechts, 2 Bde., Tübingen 1930/32
JBl.	=	Juristische Blätter
JZ.	=	Juristenzeitung
LO.	=	Landesordnung
ÖJT.	=	Österreichischer Juristentag
ÖJZ.	=	Österreichische Juristenzeitung
RabelsZ.	=	Rabels Zeitschrift für ausländisches und internationales Privatrecht
RSFSR	=	Russische sozialistische föderative Sowjetrepublik
RV	=	Reichsverfassung
Sb.	=	Sbírka zákomi (Gesetzessammlung)
t.	=	tome
VfGH.	=	Verfassungsgerichtshof
VVDStRL.	=	Veröffentlichungen der Vereinigung der Deutschen Staatsrechtslehrer
ZGB	=	(schweizerisches) Zivilgesetzbuch
ZRG. Germ.Abt.	=	Zeitschrift der Savigny-Stiftung für Rechtsgeschichte, Germanistische Abteilung

A. Einführung

I. Das Gesetz als allgemeines und rechtliches Phänomen

1. Vielgestaltigkeit des Phänomens Gesetz

Das Phänomen *Gesetz* ist derart vielgestaltig, daß eine einheitliche Sinndeutung von vornherein ausgeschlossen ist.

Es gibt kaum eine Disziplin, in der nicht der Begriff des Gesetzes erläutert worden ist. Jede Ordnung, die wir in der Vielfältigkeit unseres Daseins vorfinden oder bestrebt sind zu errichten, geht von irgendeiner Gesetzmäßigkeit aus. So ist z. B. das Wirken von Naturgesetzen zu erklären, so sind Religionsgesetze und Gesetze der Sittlichkeit zu bestimmen.

Die Untersuchung der zunächst in dem *Wort* Gesetz zum Ausdruck kommenden Begriffsverwandtschaft soll uns einerseits den Weg zum Allgemeinverständnis der verschiedenen Bedeutungen weisen und andererseits die besondere Handhabe geben, das Rechtsgesetz gegenüber den anderen wissenschaftlichen Begriffsbestimmungen abzugrenzen.

Gemeinsames Merkmal ist, daß es sich um eine *Norm,* ein *Maß,* eine *Richtschnur* handelt. Dem Gesetz ist eine Hinwendung zur *Allgemeingültigkeit* eigen, sei es, daß es sich an die Allgemeinheit wendet, sei es, daß der Tatbestand seinem Inhalt nach auf irgendeine „Verallgemeinerung“ hinausläuft, die von konkreten Abläufen bzw. dem Einzelfall absieht. Hiermit hängt die Tendenz des Gesetzes zur dauernden Geltung und Beständigkeit zusammen, einer *Kontinuität,* die die Feststellung und Wirksamkeit des Gesetzes voraussetzt.

2. Eigenart des Rechts- und Naturgesetzes

Wie ein Gesetz zustandekommt, darüber lassen sich allgemeingültige Aussagen nicht machen. Im Rechtsbereich wird das Gesetz von einem Gesetzgeber „gesetzt“, und zwar um einer Rechtsgemeinschaft als rechtsnormative Ordnung zu dienen.

Gerade diese gezielte Ordnungsfunktion, die von der Autorität des Gesetzgebers getragen wird, scheidet das *Rechtsgesetz* von *Gesetzen anderer Art,* insbesondere von Gesetzen der Natur, die lediglich eine

Regelmäßigkeit im Ablauf von Erscheinungen, sei es auf Grund einer Kausalität sei es außerhalb des rein mechanischen Weltbildes, konstatieren. Die Ansicht, daß die Rechtsgesetze „Naturgesetze der sozialen Entwicklung" seien, weil sie ebensowenig wie diese „willkürlich" gelten würden, ist von *Kelsen*[1] widerlegt worden. Was die Rechtsgesetze von Naturgesetzen differenziert, ist nicht nur die bewußte und gewollte Setzung, sondern ihr autoritativer Charakter in der Gestalt der gesetzgebenden Gewalt. Mit den ethischen Gesetzen teilen die Rechtsgesetze die *Sollensanforderung*, in der jener Charakter als eigenartiger Rechtszwang nachwirkt. Durch das Kriterium der Sollensanforderung unterscheiden sich die Rechtsnormen von allen Normen ohne Imperativ. Ihre Eigenart wurzelt in einer Normung, in einer genormten Verhaltensweise oder einem genormten Geschehensablauf. Eine solche Normung beruht vielfach auf statistischen Ergebnissen, deren methodische Gewinnung hier nicht zu untersuchen ist.

Freilich ist hierbei zu berücksichtigen, daß neben dem gesetzten Recht auch ungesetztes besteht, nämlich das Gewohnheitsrecht, das zwar ohne den beschriebenen Willensakt entsteht, aber durch die dauernde Übung einer nicht gesetzten, jedoch vorausgesetzten Regel die Eigenschaft einer Rechtsnorm annehmen kann. Insofern wird auch das Gewohnheitsrecht einem bestimmten Gesetzgeber zugerechnet, weil es sich auf den Rechtsgeltungswillen einer bestimmten Rechtsgemeinschaft gründet. Allerdings läßt sich die Mitwirkung des Adressaten nicht in gleicher Weise wie beim gesetzten Recht von Anfang an kontrollieren.

3. Wandlungen des Gesetzgebers

Im Fortgang der Geschichte der Gesetzgebung hat sich die Vorstellung von der Gestalt des Gesetzgebers immer wieder gewandelt. Die Rechtsquellen werden sogar nach dem Gesetzgeber in göttliches und menschliches Recht unterschieden. Im Bereich des göttlichen Rechts erscheint der Gesetzgeber zur Person erhoben: Moses als Gesetzgeber der Zehn Gebote. Im Bereich des menschlichen Rechts stehen unter diesem Gesichtspunkte neben dem staatlichen Recht das Kirchen- und Völkerrecht. Auf diese Weise entsteht im besonderen die Vorstellung eines staatlichen Gesetzgebers als einer von der Verfassung ermächtigten staatlichen Instanz.

Was das staatliche Recht angeht, so wird das Gesetz den Wandlungen des Staatsbegriffes und der Staatstheorie unterworfen. Es lassen sich auf diese Weise verschiedene Gesetzesideen nebeneinander stellen[2],

---

[1] *H. Kelsen*, Zum Begriff der Norm, Festschrift für *H. C. Nipperdey*, Bd. I, München u. Berlin 1965, S. 60.

[2] *J. Esser*, Einführung in die Grundbegriffe des Rechtes und Staates, Wien 1949, S. 129.

wie etwa die des Lehens- und Ständestaates, der Gedanke der Magna Charta libertatum und die Gesetzesidee des absoluten Staates, in dem das Gesetz nur Ausdruck der Souveränität des Landesherrn war, wohingegen im konstitutionellen Staat die Herrschaft des Monarchen von der „Herrschaft des Gesetzes" abgelöst wurde, wie es die Theorie der Gewaltenteilung forderte. Diese Entwicklung erreichte den Höhepunkt im Parlamentarismus und dem Gedanken der Volkssouveränität, wonach die Gesetze ausschließlich durch die Volksvertretungen beschlossen werden.

In der Geschichte des Konstitutionalismus und in der Werterfahrung der Gegenwart gilt aber auch, daß die Unterwerfung unter die Regelhaftigkeit der allgemeinen Norm die Sicherheit und die Würde des einzelnen am besten wahrt. So erscheint das Gesetz heute zugleich als menschliche Lebensform, das dem Individuum einen Freiheitsraum nicht nur verheißt, sondern als Bestandteil der Rechts- und Sozialordnung gewährleistet[3]. Auf diesen Gedankengängen beruht insbesondere auch das Postulat einer Mitwirkung des Adressaten bei der Entstehung des Rechtsgesetzes, weil er nicht nur passiv, sondern auch aktiv an der Gestaltung der Rechtsordnung beteiligt ist[3a].

II. Zur deutschrechtlichen Bedeutung des Wortes „Gesetz"[4]

1. Gesetz als geschriebenes Recht

Das Wort Gesetz wird im Sinne von *gesetztem, geschriebenem* Recht[5] gebraucht, dem in der Frühzeit geringe Bedeutung gegenüber dem Gewohnheitsrecht zukam.

„Darauf fand ein jeder Stamm aus der Gewohnheit sein eigenes Gesetz. Eine lange Gewohnheit wird nämlich als Gesetz erachtet" (lex Baiuvariorum, Vorspr.)[6].

---

[3] In diesem Sinne *H. J. Hahn*, Über die Gewaltenteilung in der Wertwelt des Grundgesetzes, Jahrbuch des Öffentlichen Rechts der Gegenwart, Neue Folge, Band 14, S. 15 ff., insbes. S. 40 f.

[3a] Vgl. hierzu *U. Krüger*, Der Adressat des Rechtsgesetzes, Schriften zur Rechtstheorie, Heft 17, Berlin 1969, S. 11 ff., 72 ff.

[4] Zur Entwicklung des römischrechtlichen Gesetzesbegriffes s. *M. Kaser*, Das römische Privatrecht I, München 1955, S. 24 ff., 166, 174, 176 ff. — *F. Schulz*, Prinzipien des römischen Rechts, Berlin 1954, der zu dem Ergebnis gelangt, daß die römische Rechtsauffassung der Kodifikation und der Einzelgesetzgebung gegenüber eine strenge Zurückhaltung bewahrt hat, denn das „Volk des Rechts" sei nicht das „Volk des Gesetzes" gewesen. — Zur Technik des römischen Gesetzes s. *F. Wieacker*, Vom römischen Recht, 2. neub. u. erw. Aufl., Stuttgart 1961, S. 68 ff.

[5] Deutsches Rechtswörterbuch (DRWB) IV 520.

[6] *H. Conrad*, Deutsche Rechtsgeschichte I, Karlsruhe 1962, S. 25.

Das Recht war ursprünglich nicht „gemachtes" oder „gesetzes", „verordnetes" oder „vereinbartes" Recht, sondern eine ungeschriebene Ordnung, und zwar eine Friedensordnung, die sich auf Gewohnheit gründete. Im Vordergrunde stand noch die Rechtsanwendung von Fall zu Fall. Das in der Gerichtsversammlung gefundene Urteil war die ursprüngliche Erscheinungsform, in welcher Recht „gewiesen" wurde. Auch für den hypothetischen Fall wurde das Recht durch *Weistum* gefunden. *Ebel*[7] hat solche gerichtsförmige Rechtsweisungen als den ältesten Grundstein der Gesetzgebung bezeichnet.

„Und sprechen nu von guoter gewonhait. Guot gewonhait ist als guot als geschribeneu recht. Waz nu guot gewonhait sei, das wellen wir euch wizzen lân. Daz sint alle die sach, di mit got sint und nicht wider geschribens recht[8]."

„Der fursten er scheinet daran, daz si ieren undertanen frid und gemach schaffent und darum, ... schullen si mit fleiz wetrachten, daz si in solich gepote seczen und so weschaideneu recht machen, daz si erlich lewen und also gueter alter gewanhait volgen, daz si leib und sel wehalten[9]."

„..., darumb ist not, nütz und gut gewesen und noch zu hilf der gedechtnus, gesetze und ordenung zu machen, auch die unser voraltern, mit hohem flyß uffgericht, in schriften zuvervassen[10]."

„Wa ein Landsbrauch zweiflig und ungewiß ist, soll yederzeit dem geschribnen Rechten nach erkennt werden[11]."

2. Gesetz im Gegensatz zur Gesetzlosigkeit

Weiterhin wird das Wort Gesetz im Unterschied zum natürlichen, angeborenen *Rechtsbewußtsein* gebraucht; mitunter auch im Gegensatz zu *Gesetzlosigkeit* und *Willkür*[12].

„Wäre kein Gesetz im Lande, da hätte der am meisten, der sich am meisten zu nehmen weiß. Darum soll das Gesetz für alle gemacht sein,

---

[7] *W. Ebel*, Geschichte der Gesetzgebung in Deutschland, 2. erw. Aufl., Göttingen 1958, S. 15.

[8] *H. K. Claußen*, Freisinger Rechtsbuch, Weimar 1941, Art. 197, S. 226.

[9] *E. F. Rössler*, Deutsche Rechtsdenkmäler aus Böhmen und Mähren, Bd. II, König Wenzel I. Stadtrechte für Brünn (1243), Aalen 1963, S. 341.

[10] Quellen zur Neueren Privatrechtsgeschichte Deutschlands, Bd. I, 1 Ältere Stadtrechtsreformationen, Wormser Reformation (1498), Weimar 1936, S. 97.

[11] *H. Planitz*, Quellenbuch der Deutschen, Österreichischen und Schweizer Rechtsgeschichte einschließlich des Deutschen Privatrechtes, Graz 1948, 570. S. 162.

[12] DRWB. IV 520.

daß rechtdenkende und friedfertige und unbescholtene Menschen sich ihrer Friedfertigkeit erfreuen können und unrechte und schändliche Menschen das fürchten, was im Gesetz geschrieben steht, und es deshalb nicht wagen, ihre Schandtaten auszuführen, die sie im Sinne haben[13].“

„So aber solich ordenlicheit nit baß ingefürt und gehandhabt werden, dann durch gute, wolgemeße satzungen und stattrechten (in ansehung, das dieselben nach den worten der geschriftwysen ein fundament und uffenthalt sind der stetten, dadurch frid erwachst den bywonern), so wirt ouch ein gesellig sicher gmeinsam gepflanzet, so yder weyßt, was sin ist oder was einem andern zugehört, und so die guttäten belont und das übel gestrafft würt[14].“

3. Aufbau der Gesetze

Eine *Stufenordnung* zeigt sich in der Unterscheidung von Einzelgesetz[15] und dem Gesetz als Teil einer „geschlossenen Rechtssatzung“[16], sowie als Rechtssatzung, die eine ganze Rechtsmaterie betrifft[17].

„... iz sie an kaufmanschaft oder an andirn sachen, daz unsir stat nuczlich und erlich sie ... wir wollen und seczcen diese geseczce, die an diesem priefe sint bescriben, zcu haldene alle den steten und vesten, die mit uns guet und ubel wollen leiden[18].“

Die oberste Stufe bildet das Gesetzgebungswerk, etwa im Sinne einer „landsordnung“[19].

„wir setzen ... das hinfüran aller menigklich im lannd ... nach unserer ... landsordnung und gesatz bey unsern regierungen ... handlen (1573 Tirol LO. Einl.)[20].“

4. Räumliche Abgrenzung der Gesetze

In räumlicher Abgrenzung werden z. B. voneinander geschieden *Reichs-* und *Landesgesetze, Stadtrechte,* Gesetze für *kleinere Bereiche* wie z. B. eine Bergwerksordnung oder Schulordnung usw.[21].

---

[13] Zitiert nach *K. v. See,* Das Jütsche Recht (1241), Weimar 1960, S. 24.
[14] Quellen zur Neueren Privatrechtsgeschichte Deutschlands, Bd. I, 1 Stadtrechtsreformationen, Freiburger Stadtrecht (1520), Weimar 1936, S. 243.
[15] DRWB. IV 520.
[16] DRWB. IV 521.
[17] DRWB. IV 522.
[18] *E. F. Rössler,* a.a.O. S. 404, betrifft Satzung der 24 geschwornen über den handel mit tuch etc.
[19] DRWB. IV 522.
[20] DRWB. IV 522.
[21] DRWB. IV 524.

5. Gesetz als bestätigtes und verliehenes Recht

Das Wort Gesetz nimmt auch den Sinn von *verliehenem* und *bestätigtem* Recht an[22].

„Daz vurbaz der richter cze Brunne und die schephen uber diselben leut richten, die pei in wonunt sein um di stat und in der stat, under waz herschaft si siczent oder wez diener oder holden si sein: so schol der richter und die schephen uber sie richten, ... Und disem unserem gepot und gesetz und disem lehen geb wier unser vesteu westetikait czu einer ewigen geczeuchnusse und disen prief mit unserm vuerstleichen insigel westetig und bevestent[23]."

Diesem Sprachgebrauch liegt der Gedanke zugrunde, daß ein einheitliches Rechtssystem durch planmäßige Summierung von Einzelakten geschaffen wird. Hauptanwendungsgebiet sind die *Privilegien,* die der König verleiht, und zwar mit der Maßgabe, daß die Einzelgesetze, die die Privilegien enthalten, die allgemeine Wirkung einer gesetzlichen Norm ausstrahlen sollen. Es ist der Weg vom Privileg zum Gesetz, den unlängst Hermann *Krause*[24] aufzeigte: im 10. und 11. Jahrhundert stehen Verleihung, Gewohnheit, Gesetz und Vertrag noch nebeneinander auf der gleichen Ebene.

6. Gesetz als „Willkür"

Das Wort Gesetz vertritt auch die „Willkür" im Sinne von *selbstgesetztem* und *vereinbartem* Recht (Einung und Satzung), wie ferner den Sinn von *festgesetztem Maß, Preis, Verdienst* und *Abgabe*[25, 26].

Die zweite begriffliche Wurzel des Gesetzes ist die Satzung als eine gewillkürte Selbstbindung der Rechtsgenossen gewesen. „Eine kleine oder große Gemeinschaft kann sich auf bestimmte Verhaltensregeln einigen, die sie künftig beobachten will. So ordneten die Bauern des altgermanischen Dorfs ihre Angelegenheiten, die Fährmänner der

---

22 DRWB. IV 522.

23 *E. F. Rössler,* a.a.O. S. 376.

24 *H. Krause,* Königtum und Rechtsordnung in der Zeit der sächsischen und salischen Herrscher, ZRG. Germ.Abt. 82, 28 ff.

25 DRWB. IV 526.

26 Außerhalb der positiven Rechtsordnung begegnet der Sprachgebrauch *natürliches, sittliches* Gesetz und *göttliches Gebot* (DRWB. IV 526).

„Alse wie lesen in den büken, die von alder tied gescreven sin, so was dat recht drierhande. Gotesrecht was dat erste, Marketrecht was dat andere, Lantrecht was dat dridde" (*H. Planitz,* a.a.O. 509).

Hiervon ist zu trennen das *religiöse* Gesetz im Sinne von kirchlichem Recht und Ordensregel. „... nach ordnung und gesatz der heiligen cristenlichen kirchen 16. Jh. Weißkunig 31." (DRWB. IV 525).

wikingerzeitlichen Handelsfahrt ihre Gildepflichten, die Bürger der mittelalterlichen Stadt die dem bürgerlichen Wesen eigentümlichen Verhältnisse durch Satzung und Einung, und so konnte auch ein ganzer Stamm, ein ‚Staatsvolk‘, sich selber Normen setzen, die nicht gefundenes ‚Recht‘ waren, sondern gekorene (gewill-‚kürte‘) Satzung, Einung, Rechtsgeschäft[27].“

In den Stadtrechten hat das Satzungsrecht seine vielgestaltigste und bedeutendste Ausformung erfahren. Im Gegensatz zum Bauernrecht, in dem das Weistum vorherrschte, überwog auf dem Gebiet des Stadtrechts die Satzung. Die Bezeichnungen der Rechtsquellen sind verschieden (Willküren, Einungen, Statuten, Schraen). Bei der Satzung von Statuten erscheinen die Stadtorgane als „legislatores“. *Planitz*[28] sieht in dem autonomen Stadtrecht eine geschlossene Rechtsordnung, „die sich zu einer staatsähnlichen Organisation“ steigerte.

---

[27] *Ebel,* a.a.O. S. 21.

[28] *H. Planitz,* Die Deutsche Stadt im Mittelalter, 2. Aufl., Graz 1965, S. 342.

[29] Die im Text entwickelten Grundformen des Gesetzes sind nicht als geschichtliche Entwicklungsstufen zu verstehen, von denen eine die andere im Fortgang der Zeit abgelöst hätte, was *Ebel* besonders hervorhebt (a.a.O. S. 11). Er behandelt diese Grundformen als „begriffliche Bauelemente der deutschen Gesetzgebungsgeschichte“, die zuweilen unvermischt, meist aber miteinander vereinigt in die Erscheinung träten, und zwar in der Weise, daß schließlich aus diesem Nebeneinander und Miteinander das Gesetz im neuzeitlichen Sinne entstanden sei.

Auf die Schwierigkeiten der zeitlichen Abgrenzung dieser Grundformen hat unter anderem *R. Gmür* (ZRG. Germ. Abt. 74, 321 ff.) aufmerksam gemacht. Hiernach ist die neue Gesetzesform der Satzung schon seit der fränkischen Zeit, vor allem seit der Entstehung des Stadtrechts, neben das alte, unveränderliche „Recht“ getreten. Ansätze der dritten Grundform liegen, was *Gmür* ebenfalls betont, in der Banngewalt der fränkischen Könige, jedoch hätten erst die Landesherrn das Rechtsgebot zu einer selbständigen Gesetzgebungsquelle erhoben, die dann in der Neuzeit den Vorrang vor anderen Gesetzesformen erworben habe (a.a.O. S. 323).

Einmütigkeit besteht darüber, daß nicht das Gesetz, sondern das Recht die ursprüngliche Vorstellung beherrscht hat. Auch das Wort „lex“ bedeutete in den Quellen bis in das hohe Mittelalter hinein „Recht“ und nimmt erst allmählich die Bedeutung von „Gesetz“ an. *Ebel* bezeichnet selbst die „Volksrechte“ ihrer Grundform nach als Weistümer, wenn er auch mehr darin erblickt, „als bloße Feststellungen des urteilsmäßig gewiesenen Herkömmlichen“ (a.a.O. S. 32).

Amira - Eckhardt (Germanisches Recht, Bd. I, Berlin 1960, S. 37) gruppieren die Volksrechte teils als königliche Anordnungen (edictus), teils als königliche Gesetzgebung (pactus), teils als Rechtsweisung (êwa) und grenzen die Kapitularien von den Volksrechten nicht der Entstehungsart nach, sondern der Zielsetzung nach ab. Ähnlich *François Louis Ganshof,* „Was waren die Kapitularien?“ (Weimar 1961, S. 57, Anm. 113), wo die Unterscheidung zwischen Volksrechten und Königsrecht nur als ein „bequemes Schema“ für die Einteilung der Rechtsquellen angesehen wird. Siehe hierzu auch *H. Krause,* Deutsches Archiv, XIII, 1957, S. 587 f.

Bemerkenswert ist die von *Ganshof* im Rahmen der Charakterisierung der Kapitularien vorgenommene Interpretation der lex (a.a.O. S. 117 ff.). Hierunter habe man im 8. und 9. Jhd. die hauptsächlich mündlich überlieferten „nationalen Rechte“ der verschiedenen Stämme verstanden.

Die autonome Gesetzgebung ergreift allmählich den ganzen Bereich des städtischen Lebens, löst sich von der Mitwirkung der einzelnen Bürger und entwickelt sich von der Willkür und Satzung zum Gesetz hin. Die gewillkürten Satzungen nehmen Gebotscharakter an.

Damit ist die dritte Wurzel berührt. Es ist der *Gesetzesbefehl*, der aus dem obrigkeitlichen Willen ergeht, der das Gesetz „gebietet". Die Geltung des Rechtsgebotes beruht auf der Untertaneneigenschaft des Gesetzesunterworfenen, nicht auf der Selbstbindung und Einung der Rechtsgenossen. An die Stelle der überkommenen Ordnung, wie sie aus der Gewohnheit hervorgegangen ist, tritt die obrigkeitliche Schöpfung neuen Rechts[29].

Auch die im 10. und 11. Jhd. geläufige Sinndeutung von lex ist „Recht als die objektive Rechtsordnung" (siehe hierzu *H. Krause*, Kaiserrecht und Rezeption, Heidelberg 1952, S. 29 ff.). In der Zeit der Hohenstaufen erscheint der Kaiser hier und da als Gesetzgeber, indem die Erteilung von Privilegien die Gestalt von Gesetzgebungsakten annimmt. Die lex „nimmt etwas von kaiserlichem Gebot in sich auf" (*Krause*, a.a.O. S. 34). „Was die Menschen des 13. Jahrhunderts sich unter der lex animata in terris vorstellten, ist nicht so leicht zu fassen ... Jedenfalls soll wohl zum Ausdruck gebracht werden, daß das Recht im Kaiser gipfelt und sich darstellt, daß es in ihm und durch ihn sich läutert und wandelt, daß es in ihm lebt und sich entwickelt. Die Fülle des Rechtes liegt in der Person des Kaisers beschlossen" (a.a.O. S. 38).

Auch *Ebel* setzt sich mit der Vorstellung, daß der Kaiser die lebende Verkörperung des Rechts sei, auseinander, kommt aber zu dem Ergebnis, daß von der gesetzgebenden Gewalt des Kaisers und Königs fast nichts übrig geblieben sei, da bereits die verfassungsmäßige Stellung des Königs gegenüber den Kurfürsten und Fürsten und den übrigen Reichsständen eine echte Gebotsgewalt über sie ausgeschlossen habe (a.a.O. S. 44). Demgegenüber hat mit Recht *Krause* darauf hingewiesen, daß das Kaisertum trotz seiner Wandlungen, denen es im Spätmittelalter ausgesetzt gewesen war, die Hohenstaufenerbschaft „der Zuordnung des Rechts zum Kaiser" festgehalten habe (a.a.O. S. 146). „In der Folgezeit war das Feld der kaiserlichen Macht immer kleiner geworden, aber der Gedanke des Kaiserrechts war in Deutschland mit vorwiegend deutschem Inhalt lebendig geblieben. Jetzt kam, getragen vom Eifer der Doctores, als eine beim Zerbrechen des mittelalterlichen Universalismus gleichsam freigesetzte Kraft, das römische Recht erneut. Es *brachte* aber nicht, wie damals, das kaiserliche Recht, es *fand* nunmehr das kaiserliche Recht *vor* und brauchte nur in die bereite Hülle zu schlüpfen. Kaiserrecht war ein gängiger Begriff" (a.a.O. S. 146/147).

Der Banngewalt der fränkischen Könige legte *Ebel* noch den Charakter des Exekutivgebotes bei (a.a.O. S. 25 ff.), jedoch beginnt in der Zeit der Hohenstaufen die Epoche des Gebotsrechts, des Gesetzesbefehles, als eines Elementes des Staats- und Gesetzesbegriffes (a.a.O. S. 27).

B. Theorie des Gesetzes

I. Allgemeine Theorie

1. Das Gesetz in der allgemeinen Rechtslehre

Die Thematik Gesetz und System kommt vor allem in der *allgemeinen Rechtslehre* als einem System der rechtlichen Grundbegriffe zu theoretischem Ausdruck.

Es ist besonders *Nawiasky*[1] gewesen, der im Rahmen solcher allgemeinen Rechtslehren sowohl das Gesetz als auch das Rechtssystem als wechselseitige Begriffe einer grundlegenden Erörterung unterzogen hat. Im ersten Abschnitt seiner wissenschaftlichen Arbeit behandelt er das Recht im objektiven Sinne, im zweiten Abschnitt das Recht im subjektiven Sinne und schließlich im dritten Abschnitt das Rechtssystem. Das Kapitel „Recht im objektiven Sinn" widmet sich vornehmlich dem Phänomen Gesetz[2].

2. Das Gesetz im Stufenbau der Rechtsordnung

In seiner „Reinen Rechtslehre" stellt *Kelsen*[3] das Recht in seinen Beziehungen zur Natur, Moral, Wissenschaft, Statik, Dynamik sowie dem Staate dar und greift hierbei an verschiedenen Stellen das Gesetz als Rechtsnorm heraus. Im Mittelpunkt steht der *Stufenbau der Rechtsordnung*[4], jener Versuch, die einheitliche Bezogenheit des gesamten Rechtsgefüges aufzudecken, wie ihn bereits *Merkl* unternommen hatte[5].

Die einzelnen Rechtsnormen sind verschiedenen Rechtsschichten zuzurechnen, die ihrerseits wiederum eine stufenförmige Gliederung erfahren. Die *Einheit des Rechtssystems* ergibt sich aus der Beziehung der rechtserzeugenden Norm zur rechtsgeltenden Norm, ein Regreß, der nach *Kelsen* in einer hypothetischen Grundnorm mündet, die sich als oberster Geltungsgrund darstellt.

---

[1] *H. Nawiasky*, Allgemeine Rechtslehre, 2. Aufl., Einsiedeln/Zürich/Köln 1948.

[2] *H. Nawiasky*, a.a.O. S. 40 ff.

[3] *H. Kelsen*, Reine Rechtslehre, 2. Aufl., Wien 1960.

[4] a.a.O. S. 228 ff.

[5] Die ersten Ansätze dieser Lehre finden sich bei *Merkl*, Das doppelte Rechtsantlitz, JBl. 1918, S. 425 ff.

3. Der natürliche Gesetzeszusammenhang

In seiner „Einführung in die Grundbegriffe des Rechtes und Staates" stellt *Esser*[6] eine Reihe von Grundfragen der *Gesetzestechnik* in den Mittelpunkt seiner Betrachtungen, die sich aus der Wesenheit und der Zielsetzung des Gesetzes ergäben, wie beispielsweise die gehörige Kundmachung, das Erfordernis einer bestimmten und verständlichen Gesetzessprache und das Problem der Rückwirkung des Gesetzes.

Aus dem Wesen der gesetzlichen Ordnungsmethode geht hervor, daß das *Gesetz* ein *System von bezogenen Rechtssätzen* darzustellen hat, dessen Aufbau sich bereits aus der „natürlichen Zusammengehörigkeit der Lebensfragen" ergibt. So sind beispielsweise dem Familienrecht das Eherecht, die Rechte der Eltern und Kinder, die Vormundschaft, Pflegschaft und staatliche Jugendfürsorge auf Grund der natürlichen Gegebenheiten zugehörig, bilden deshalb ein *einheitliches Ordnungsgebiet*. Das Gesetzesrecht hat nämlich nicht, wie das Richterrecht, Einzelfälle zu regeln, sondern eine ganze Fülle erdenklicher Vorkommnisse eines Lebensbereiches, dessen Aufgabenstellung den Gesetzesaufbau von vorneherein bestimmt.

4. Das Gesetz im Übergang von der Jurisprudenz zur Rechtsphilosophie

In seiner „Einführung in das juristische Denken" hat *Engisch*[7] den Sinn und die Struktur des Rechtssatzes unter verschiedenen Gesichtspunkten erörtert. Am Anfang steht die Auseinandersetzung mit der „imperativen Theorie", welcher das Gesetz als Imperativ erscheint, wie er auch immer aufgefaßt wird. Es folgt sodann die Gewinnung abstrakter und konkreter juristischer Urteile aus dem Rechtssatz im Rahmen der Subsumtion und Auslegung. Am Ende wird der Weg vom Gesetz zum Recht, von der Jurisprudenz zur Rechtsphilosophie aufgezeigt.

Lange vorher hatte *Engisch*[8] bereits den Grund für diese Betrachtungen in seiner Abhandlung „Logische Studien zur Gesetzesanwendung" gelegt. Die besondere Problematik „Gesetz und System" wird in seiner Arbeit „Sinn und Tragweite juristischer Systematik"[9] berührt. Schließlich wird das Ganze von der „Einheit der Rechtsordnung"[10] überwölbt.

---

[6] *J. Esser*, a.a.O. S. 125 ff.

[7] *K. Engisch*, Einführung in das juristische Denken, 3. Aufl., Stuttgart 1956, S. 12 ff.

[8] *K. Engisch*, Logische Studien zur Gesetzesanwendung, 2. Aufl., Heidelberg 1960.

[9] Ders., Sinn und Tragweite juristischer Systematik, Studium Generale, Bd. 10 (1957), S. 173 ff.

[10] Ders., Einheit der Rechtsordnung, Heidelberg 1935.

5. Das Gesetz in der Methodologie der Rechtswissenschaft

In seiner „Methodenlehre der Rechtswissenschaft" behandelt *Larenz*[11] das Ineinandergreifen der Rechtssätze im Gesetz sowie ihre Anwendung und Auslegung. Die vorliegende Abhandlung wird besonders im Kapitel „Die Begriffsbildung und das System der Rechtswissenschaft" angesprochen.

Er begreift das System als Ausdruck einer der Ganzheit des Rechts auf der Grundlage der obersten Leitsätze und Institutionen des Rechts innewohnenden Einheit. Hierbei handelt es sich nicht um ein logisch geschlossenes System im Sinne der formalen Logik, sondern um ein System leitender Rechtsprinzipien, die sich gegebener Begriffe und Gliederungsgesichtspunkte bedienen — ohne Anspruch auf Allgemeingültigkeit und Vollständigkeit —, denn keinesfalls dürfe das System dem Gesetz wie „ein Netz übergeworfen werden"[12].

6. Systemaufbau und Gesetzgebung

Zur Gesetzmäßigkeit juristischer Systembildung hat sich unter anderem besonders *v. Hippel*[13] geäußert. Er strebt den Aufbau eines Systems des Privatrechts an, und zwar auf der Grundlage der Systembildung der späteren deutschen Aufklärung und der Wissenschaft des 19. Jhs.[14].

In der Einführung hebt er hervor, daß ein jedes System bereits gewisse Grundlagen voraussetze, weil die „ordnungswillige" Person darüber klare Vorstellungen haben müsse, auf welche Umstände es für den Aufbau der betreffenden Wissenschaft ankomme. Dies wird insbesondere auch auf das System der Gesetzgebung und auf die Tätigkeit des Gesetzgebers selbst bezogen. „Wenn jemand als Gesetzgeber Recht setzen will, so ist er in seiner Ordnungswahl auch ideell nicht einfach frei. Denn er muß *gerecht* wählen ... Scheint der Gesetzgeber in seiner Ordnungswahl durch das Gerechtigkeitsgebot insoweit vorbedingt, so ist ihm durch dieses Gebot die Aufgabe der Ordnungswahl doch noch keineswegs abgenommen. ... Eine Entscheidung darüber läßt sich erst fällen, wenn man die gesamte zu regelnde Wirklichkeit in ihren natürlichen Zusammenhängen übersieht und die verschiedenen Ordnungsmöglichkeiten ... mit dem Gerechtigkeitsgebot vergleicht. In diesem

---

[11] *K. Larenz*, Methodenlehre der Rechtswissenschaft, Berlin/Göttingen/Heidelberg 1960, S. 144 ff.

[12] Ders., a.a.O. S. 135.

[13] *F. v. Hippel*, Rechtstheorie und Rechtsdogmatik, Frankfurt a. Main 1964, S. 14 ff. — kritisch: *Th. Viehweg*, Topik und Jurisprudenz, 4. Aufl., München 1969, S. 68 ff.

[14] *F. v. Hippel*, a.a.O. S. 23 ff.

Rahmen bleiben Ordnungsgedanke und Ordnungswahl des Gesetzgebers als *historische Aufgabe*[15]."

7. Das Gesetz in der Grundlegung zum bürgerlichen Recht

In allgemeiner Betrachtungsweise erscheint das Gesetz innerhalb der Lehre und Erläuterung des bürgerlichen Rechts.

So ist es zu erklären, daß der Gesetzeslehre in den Lehrbüchern und Kommentaren des Zivilrechts mitunter ein Platz gewidmet wird, und zwar in einleitenden Bemerkungen über Gesetz und Recht.

An erster Stelle ist in dieser Hinsicht die französische Zivilrechtswissenschaft[16] zu erwähnen, weil ihre obersten Grundsätze auch eine allgemeine Theorie der Gesetze enthalten. Diese geht von der Auffassung aus, daß man das Studium der Rechte nicht beginnen könne, ohne die obersten Leitsätze zu kennen, die das Privatrecht beherrschen. Freilich könnten sie nicht alle auseinandergesetzt werden, jedoch würden drei allgemeine Theorien eine bedeutungsvolle Mitte bilden: in erster Linie die *Theorie der Gesetze,* die erlaube, die Quellen und die Ausbreitung der Anwendung der Gesetzesregeln zu erfahren, sodann die *Theorie der Rechtsakte* (actes juridiques), schließlich die *Theorie der subjektiven Rechte* (théorie des droits).

Was die Definition und Wesenszüge des Gesetzes anbetrifft, so wird das Wort in einer zweifachen Bedeutung verstanden, nämlich in einem *materiellen* Sinn — „. . .une règle, ayant un caractère général et permanent, qui est établie et sanctionnée par l'autorité publique. La définition est tirée des caractères intrinsèques de la règle." — und in einem *formellen* Sinn — „. . . la loi est l'acte pris, suivant les formes que prévoit la Constitution et par l'autorité qui a le pouvoir législàtif." —[17].

Die Sanktionierung durch die öffentliche Gewalt wird besonders im Bereich des Strafrechts in der Strafe und im Zivilrecht in der Nichtigkeit solcher Verträge erblickt, die gegen das Gesetz verstoßen und in dem Schadenersatzanspruch, der sich an deliktische Schadenszufügung knüpft.

Als wesentliches Merkmal der Gesetze sieht die „théorie général des lois" den allgemeinen und permanenten Charakter der Gesetze an. „La loi est établie pour un nombre indéterminé d'actes et de faits. Une décision de l'autorité publique qui ne doit être exécutée qu'une seule

---

[15] *F. v. Hippel,* a.a.O. S. 16 f.

[16] Vgl. *Planiol - Ripert - Boulanger,* Traité élémentaire de droit civil, Bd. I., 5. Aufl., Paris 1950, S. 89—99, Nr. 180 ff. (Paris 1961). *Colin - Capitant - de la Morandière,* Traité de droit civil, Bd. I., Paris 1953, S. 129—131 (Paris 1957).

[17] *Planiol - Ripert - Boulanger,* a.a.O. S. 90.

fois n'est pas une loi, c'est un acte d'administration. ... La loi est faite pour régir dans l'avenir les actes et les faits; elle est donc établie à l'état permanent. On avait autrefois l'idée qu'elle était faite pour toujours. Ce caractère de permanence comme le caractère de généralité est une garantie contre l'arbitraire[18]."

Auch bei *Colin - Capitant - de la Morandière* finden wir in Kapitel 1 eine Definition des Gesetzes, die davon ausgeht, daß weder der code civil noch die französische Verfassung dieses Phänomen erläutern[19]. Das Gesetz wird als eine Erscheinung angesehen, „de volonté des gouvernants, édictant une règle juridique applicable aux gouvernés".

Das Allgemeine Bürgerliche Gesetzbuch Österreichs spricht im § 1 von dem Inbegriff der Gesetze, durch welche die „Privatrechte und Pflichten der Einwohner des Staates unter sich bestimmt werden". Mit dem Begriff „die bürgerlichen Gesetze" ist zwar eine besondere Kategorie von Gesetzen ausgesprochen, aber der „Begriff" Gesetz als staatlich gesetzte Rechtsnorm[20] wird in seinem allgemein verstandenen Sinn im Rahmen der Erläuterungen des ABGB determiniert. Das deutsche BGB geht auf den Begriff des Gesetzes nicht in dieser Weise ein.

Vom Gesetz sprechen *Enneccerus - Nipperdey*[21] in einem dreifachen Sinne:

1. Gesetz im materiellen Sinne — ein Rechtssatz oder ein Inbegriff von Rechtssätzen, der vom verfassungsmäßig bestellten staatlichen Organ aufgestellt und bekanntgemacht ist —
2. Gesetz im formellen Sinne — jede von den gesetzgebenden staatlichen Organen in der regelmäßigen verfassungsmäßigen Form der Legislative erlassene Anordnung —
3. Gesetz im Sinne von Recht.

In letzter Hinsicht umfaßt der Begriff des Gesetzes nicht nur das autonom gesetzte Recht, sondern auch das Gewohnheitsrecht. Maßgebende Vorschrift hierzu ist Art. 2 EG zum Bürgerlichen Gesetzbuch: „Gesetze im Sinne des Bürgerlichen Gesetzbuches und dieses Gesetzes ist jede Rechtsnorm."

Das Gewohnheitsrecht steht in seiner Kraft dem Gesetz gleich, vermag folglich auch ältere Gesetze aufzuheben und abzuändern. Demnach kann einerseits das für das ganze Bundesgebiet geltende Gewohn-

---

[18] *Planiol - Ripert - Boulanger*, a.a.O. S. 92, 93.

[19] a.a.O. S. 129.

[20] *Pisko - Klang*, Kommentar zum Allgemeinen bürgerlichen Gesetzbuch, Bd. I/1, Wien 1964, S. 44 f.

[21] *Enneccerus - Nipperdey*, Allgemeiner Teil des Bürgerlichen Rechts I/1, 15. Aufl., Tübingen 1959, S. 240 f.

heitsrecht Bundesgesetze aufheben, abändern oder ergänzen, andererseits kann das partikulare Gewohnheitsrecht keine größere Kraft als die Landesgesetze haben und damit keinem bundesrechtlichen Rechtssatz widerstreiten.

Ausdrücklich aber wird betont, daß dem Gesetz überhaupt die Kraft fehle, einen sicheren Ausschluß gewohnheitsrechtlicher Bildung zu bewirken, „denn was als manifestierter allgemeiner Rechtsgeltungswille hervortritt, ist Recht, auch wenn es einem Verbot widerstreitet“[22].

Auf eine eigenartige Weise stellt das schweizerische Zivilgesetzbuch eine Beziehung zwischen Rechtsanwendung und Gesetzgebung her. Kaum ein anderes Kodifikationswerk hat die für die Rechtsanwendung grundlegende Frage des Verhältnisses des Richters zum Gesetz so eindeutig festgehalten wie das schweizerische Zivilgesetzbuch. Obgleich in unmißverständlicher Klarheit die Vorherrschaft des Gesetzes und die Bindung des Richters an das Gesetz ausgesprochen sind, trifft das Zivilgesetzbuch eine Vorsorge, falls die zur Entscheidung notwendige allgemeine Norm fehlt. So heißt es im Art. 1 Abs. 2, der Richter soll „nach der Regel entscheiden, die er als Gesetzgeber aufstellen würde“, wenn sich weder aus dem Gesetz noch aus dem Gewohnheitsrecht eine Vorschrift ergibt. Dem Richter wird die Tätigkeit des Gesetzgebers gleichsam als Vorbild bei seiner rechtsfindenden Tätigkeit vorangestellt. Wohl wird ausdrücklich das Vorhandensein von Lücken im Gesetze anerkannt, aber zugleich geleugnet, daß es auch Lücken im *Rechte* geben könne[23, 24].

II. Besondere Theorien

Unter den besonderen Theorien verstehen wir alle diejenigen, welche das Gesetz nicht im Gesamtzusammenhang der Rechtsordnung, sondern aus dem Blickpunkt eines bestimmten Rechtsgebietes definieren.

1. Das Gesetz in der allgemeinen Staatslehre

Die klassische allgemeine Staatslehre gliedert sich in die allgemeine Soziallehre des Staates und die allgemeine Staatsrechtslehre.

Gemäß dieser Gliederung zeigt Georg *Jellinek*[25] das Verhältnis von Staat und Recht innerhalb der allgemeinen Soziallehre des Staates auf,

---

[22] *Enneccerus - Nipperdey*, a.a.O. S. 270.

[23] Vgl. hierzu *P. Tuor*, Das Schweizerische Zivilgesetzbuch, 7. erg. Aufl., Zürich 1965. — s. *A. Meier-Hayoz*, Berner Kommentar, Bd. I, Bern 1966, zu Art. 1, S. 78 ff.

[24] In allgemeiner Behandlung figuriert schließlich unser Phänomen noch in enzyklopädischen Darstellungen, so z. B. in Handwörterbüchern, wobei im Vordergrund die staatsrechtliche Betrachtung (Begriff und Arten des Gesetzes sowie Verfahren der Gesetzgebung) steht.

[25] *G. Jellinek*, Allgemeine Staatslehre, 3. Aufl., Bad Homburg v. d. Höhe 1959.

die Funktionen des Staates hingegen, in erster Linie die Gesetzgebung, im Rahmen der allgemeinen Staatsrechtslehre.

Das Gesetz tritt somit unter dem Blickpunkte staatlicher Funktionen auf, und zwar naturgemäß der gesetzgebenden Gewalt. Die theoretische Betrachtung des Gesetzes wird aus seiner Beziehung zum Staat verstanden. Diese *besondere* Hinwendung zum Staat und seiner „Macht" läßt es gerechtfertigt erscheinen, die theoretische Behandlung des Gesetzesbegriffes im Rahmen der *Staatslehre* als eine *besondere* aufzufassen.

Unterschieden werden Gesetze im materiellen und formellen Sinne, je nachdem, ob sie die Individualrechtssphären gegeneinander abgrenzen oder anderen Zwecken dienen. Das Gesetz im materiellen Sinne deckt sich mit dem Rechtssatz. Der Gesetzesbegriff entspricht dem im Zeitalter der deutschen konstitutionellen Monarchie herrschenden Rechtsbegriff. Gesetz und Recht sind nach einem Worte von *Anschütz*[26] „Wechselbegriffe".

Nawiasky[27] hat seine „Allgemeine Staatslehre" auf einer Staatsgesellschaftslehre aufgebaut, in der das Gesetz zunächst unter dem Gesichtspunkte der Rechtssetzung auftritt, und zwar als „Aufgabe des Vertretungskörpers". Nur unter Mitwirkung dieses Organes können nach diesem Grundgedanken Rechtsnormen, die den einzelnen ein bestimmtes Verhalten vorschreiben, erlassen werden.

Innerhalb der Staatsrechtslehre kommt das Gesetz im Aufbau der staatlichen Rechtsordnung zum Tragen. In diesem Zusammenhang sind es wieder die Staatsfunktionen, die den Weg zum Gesetz weisen. Ihre Gliederung in Staatsfundamentalnormen, Verfassung, Gesetz und Gesetzesvollziehung stellt im Rahmen dieser Lehre ein oft erörtertes System dar.

In der „Allgemeinen Staatslehre" von Herbert *Krüger*[28] ist das Gesetz nicht nur ein Element des staatlichen Seins, sondern darüber hinaus ein „Institut von gesteigerter, relativ höchster Qualität". Das Gesetz ist nach ihm „die beste Gestalt der Norm" und die Gestalt des Gesetzes „eine Bewirkerin eines besseren Gehalts der Norm"[29].

Entschieden lehnt *Krüger* es ab, das Gesetz lediglich als Verbot oder Gebot oder als Gestattung von seiten der Staatsgewalt definieren zu wollen. „Wenn man das Gesetz vor allen anderen Arten des weltlichen Sollens preist, dann gewiß nicht nur deshalb, weil das Gesetz besonders

---

[26] *G. Meyer - G. Anschütz*, Lehrbuch des Deutschen Staatsrechts, 7. Aufl., München u. Leipzig 1919, S. 640.
[27] *H. Nawiasky*, Allgemeine Staatslehre, Teil 1—4, Einsiedeln 1945—1958.
[28] *H. Krüger*, Allgemeine Staatslehre, Stuttgart 1964.
[29] Ders., a.a.O. S. 275 ff.

scharf und wirkungsvoll verbietet oder gebietet. Es ist der Inhalt, und zwar ein notwendig richtigerer Inhalt, der Rang und Würde des Gesetzes begründet[30]."

Der Kern der Lehre liegt in der Ersetzung „der Herrschaft von Menschen" durch die „Herrschaft von Gesetzen".

2. Das Gesetz in der Lehre des Staats- und Verfassungsrechts

Neben der Gesetzestheorie, die uns die allgemeinen Staatslehren vermittelt haben, steht die auf eine *bestimmte Verfassung* bezogene staatsrechtliche Dogmatik des Gesetzes.

In dem Lehrbuch des österreichischen Staatsrechts von *Ulbrich*[31], das die Dezemberverfassung von 1867 zum Gegenstand seiner Darstellung hat, tritt unter den Staatsfunktionen, die das „Regierungsrecht" beinhalten, neben der Verwaltung und richterlichen Tätigkeit die Rechtsbildung auf. Zu Gesetz und Verordnung, die sich als die streng einseitige Ausübung der staatlichen Herrschaftsrechte darbieten, gesellen sich die in den Staatsverträgen niedergelegten Rechtsnormen.

Dem Gesetzesbegriff legt *Ulbrich* „vier Momente"[32] zugrunde, nämlich die ausdrückliche Festsetzung einer objektiven Rechtsnorm durch den Staat, die Erzeugung objektiven Rechts, die Selbstbindung des Staatswillens sowie den Imperativ an die Untertanen, ihre Handlungen normengemäß einzurichten, und die allgemeine Anerkennung des durch das Gesetz geschaffenen Rechtsverhältnisses. So wird die Forderung nach Allgemeinheit eines Gesetzes nicht darin gesehen, daß einem Tatbestand eine Mehrheit von Fällen logisch zugerechnet werden kann, sondern in der *allgemeinen Anerkennung eines,* sei es auch durch ein Spezialgesetz geschaffenen, *Rechtsverhältnisses.*

Entsprechend den gesetzgebenden Funktionen des Monarchen und der Vertretungskörper kann man das Gesetz in zwei Bestandteile zerlegen, nämlich in den *Gesetzesinhalt,* die Gesamtheit der materiellen Bestimmungen, und den *Gesetzesbefehl,* die Anordnung, daß etwas Recht sein soll.

Hiermit berührt sich die Gesetzestheorie von *Laband*[33].

Das Gesetz ist demnach die Anordnung einer Rechtsregel, die nicht nur formuliert zu werden braucht, sondern auch für verpflichtend er-

---

[30] *Krüger,* a.a.O. S. 276.
[31] *J. Ulbrich,* Lehrbuch des Österreichischen Staatsrechts, Wien 1883.
[32] Ders., a.a.O. S. 374 ff.
[33] *P. Laband,* Das Staatsrecht des Deutschen Reiches, Bd. II, 5. neugedr. Aufl., Aalen 1964, S. 1 ff.

klärt werden muß. Deshalb unterscheidet er die in dem Gesetz formulierte Rechtsregel von der Ausstattung mit rechtsverbindlicher Kraft, demnach Gesetzesinhalt und Gesetzesbefehl. Das Wort Gesetz wird nicht nur als die Erscheinungsform des vom Staate angeordneten Rechts, sondern auch im Sinne von Rechtssatz verstanden. Auf der „Sanktion" ruht das Schwergewicht des gesamten Gesetzgebungsverfahrens, wie *Laband* dazu näher ausführt. Nicht dem Kaiser kam dieses Recht zu, wie man es vielfach aus der Eingangsformel von Reichsgesetzen abzuleiten versuchte, sondern dem Träger der souveränen Reichsgewalt, der Gesamtheit der deutschen Staaten.

Mit der Weimarer Verfassung wurde einerseits das aus dem konstitutionellen System überkommene Gesetzgebungsverfahren, nach Anpassung an die Bedingungen des demokratisch-parlamentarischen Staates, im wesentlichen übernommen, andererseits mit der *unmittelbaren* Volksgesetzgebung ein neuartiges Element in das deutsche Staatsrecht hineingetragen.

Der Gedanke der Volkssouveränität fand seine Verwirklichung nicht nur in der Ausübung des Wahlrechts des Volkes und der Berufung seiner Repräsentanten, sondern auch in der unmittelbaren Mitwirkung des Volkes an der Gesetzgebung. Das Volk konnte demnach ein Reichsgesetz als „höchster Schiedsrichter" zwischen anderen gesetzesgestaltenden Organen beschließen, aber auch nach eigener, im Volksbegehren ausgeübter Initiative im Wege der unmittelbaren Abstimmung[34, 35].

Die gesetzgebende Gewalt war im Weimarer Staat zentrale Staatsfunktion dergestalt, daß das Parlament mittels der Gesetzgebungskompetenz auch andere staatliche Funktionen mittelbar beherrschte. Begriffe wie „Gesetzgebungsstaat" und „Parlamentsgesetz" bringen dieses Prinzip andeutungsweise zum Ausdruck. Auf der anderen Seite wurden in der Weimarer Zeit höchst bedeutsame rechtsstaatliche Einrichtungen im Bereich der Rechtsprechung geschaffen, wie das richterliche Prüfungsrecht und die Staatsgerichtsbarkeit, wodurch einem Mißbrauch der gesetzgebenden Gewalt durch das Parlament entgegengewirkt werden sollte.

Die Vorstellung eines rein formellen Gesetzes geht darauf zurück, daß die Legislative über die Grenzen der ihr vom damaligen Rechts- und Gesetzesbegriff zustehenden Kompetenz hinausging. Als Gesetze im materiellen Sinne wurden ursprünglich nur generelle, Eigentum und Freiheit betreffende, Rechtssätze angesehen.

---

[34] *W. Apelt*, Geschichte der Weimarer Verfassung, 2. Aufl., München u. Berlin 1964, S. 237 ff.

[35] Vgl. Art. 73 Abs. 1 und 2 RV, Art. 76 Abs. 2 RV, Art. 73 Abs. 3 RV.

Bei *Anschütz* tritt eine Unterscheidung im Gesetzesinhalt zwischen Rechtsnormen und „Nichtrechtsnormen“ hervor, die danach gesondert werden, ob einerseits der Staat in Freiheit oder Eigentum der Untertanen mit Geboten oder Verboten eingreift oder zwischen den Gesetzesunterworfenen und dem Staat die Grenze des Dürfens und Müssens festsetzt und andererseits solchen Normen, mit denen der Staat lediglich die Einrichtung und das Verfahren seiner Organe ordnet (Verwaltungsvorschriften)[36].

Für die geltende österreichische Bundesverfassung bildet das rechtsstaatliche Prinzip neben dem demokratischen und bundesstaatlichen das bedeutsamste Fundament, auf dem sich die Bundesverfassung gründet. Wie *Adamovich*[37] in seinem „Handbuch des österreichischen Verfassungsrechts“ darlegt, läßt das Bundesverfassungsgesetz in seiner Systematik den Stufenbau der Rechtserzeugung deutlich erkennen. Die oberste Schicht der gesamten Rechtsordnung stellt die Verfassung dar, die ihrerseits wiederum die Grundlage für die Bundes- und Landesgesetze bildet, deren Vollziehung durch die Gerichtsbarkeit und Verwaltung erfolgt. So sind die Gesetze einerseits an die grundsätzlichen Anordnungen der Verfassung gebunden und erteilen andererseits zugleich Anordnung an die Akte der Gerichtsbarkeit und Verwaltung.

Dieses rechtsstaatliche Prinzip, das den letzten Ursprung aller rechtlichen Gebarung in der Verfassung sieht, findet seine Garantien durch ein verzweigtes System von Rechtsschutzeinrichtungen, die nur solchen Akten dauernde rechtliche Geltung zuerkennen, die in Übereinstimmung mit den sie bedingenden Normen höherer Stufe ergangen sind. So erfahren Rechtsschutzeinrichtungen: die *Gerichtsbarkeit* im Rechtsmittelverfahren, die *Verwaltung* im Verwaltungsverfahren und der disziplinären, strafrechtlichen, zivilrechtlichen und beschränkten staatsrechtlichen Verantwortlichkeit ihrer Organe und schließlich in der Verwaltungsgerichtsbarkeit, die *Gesetzgebung* in der Gesetzesprüfung durch den Verfassungsgerichtshof. Gerade diese Lösung des Problems der Verfassungsmäßigkeit von Gesetzen bringt in der österreichischen Bundesverfassung, wie *Adamovich* besonders hervorhebt, die Vollendung des rechtsstaatlichen Prinzips zum Ausdruck[38, 39].

---

[36] Zu dieser Lehre s. die erstmalige Definition der Freiheits- und Eigentumsklausel bei *G. Anschütz* in seiner Schrift über: Die gegenwärtigen Theorien über den Begriff der gesetzgebenden Gewalt und den Umfang des königlichen Verordnungsrechts nach preußischem Staatsrecht von 1898 (2. Aufl., Tübingen/Leipzig 1901, S. 72, 73, 97, 128, 163, 169). — Später in: *Meyer - Anschütz*, a.a.O. S. 657.

[37] *L. Adamovich*, Handbuch des österreichischen Verfassungsrechts, 5. Aufl. bearb. v. *H. Spanner*, Wien 1957, S. 114 ff.

[38] *L. Adamovich*, a.a.O. S. 116.

[39] Vgl. hierzu den Aufbau des Bonner GG. (Art. 20 III): „Die Gesetzgebung ist an die verfassungsmäßige Ordnung, die vollziehende Gewalt und die Recht-

3. Gesetz und gesetzgebende Gewalt

Unlängst hat *Böckenförde*[40] die Auseinandersetzung mit dem Gesetzesbegriff im Hinblick auf neue staatsrechtliche Anschauungen von der Wirklichkeit des Rechtsstaates, der zugleich Sozial- und Vorsorgestaat ist, fortgesetzt. Auf der Grundlage historischer Betrachtungen, die von den Anfängen der deutschen Staatsrechtslehre bis zur Höhe des staatsrechtlichen Positivismus reichen, untersucht er das Verhältnis des Gesetzes zur gesetzgebenden Gewalt, die beide keineswegs allgemeingültige Rechtsbegriffe seien, sondern dem Wandel verfassungsrechtlicher Realität unterlägen. Er meint, es handle sich um staatsrechtliche Begriffe, die auf bestimmte, politisch-soziale Situationen bezogen seien. Mit *Smend*[41] bezeichnet er den Gesetzesbegriff als das, „was für eine bestimmte Zeit das Wesentliche und Charakteristische an der Positivierung des objektiven Rechts durch die staatliche Rechtssetzung" sei.

Aber *Böckenförde* räumt ein, daß sich der Gesetzesbegriff auch von jeder staats- und verfassungsrechtlichen Beziehung lösen und zu einem rechtstheoretischen machen lasse, wodurch er allerdings seine Verwendbarkeit als staatsrechtlicher bzw. verfassungstheoretischer Begriff einbüße.

Sowohl der Begriff des Rechtssatzes wie der der Rechtssetzung seien als rechtstheoretische Begriffe eindeutig und allgemeingültig, denn beide seien mit dem Rechtsbegriff selbst gegeben[42].

4. Wandlungen des Gesetzes im materiellen Sinn

Wie der Genannte das Gesetz und die gesetzgebende Gewalt gegenüberstellt, so *Jesch*[43] das Gesetz und die Verwaltung, und zwar in einer Problemstudie zum Wandel des Gesetzmäßigkeitsprinzipes.

---

sprechung sind an Gesetz und Recht gebunden."

Damit tritt das Begriffspaar „Gesetz und Recht" in den Mittelpunkt der verfassungsrechtlichen Diskussion. Nach *Mangoldt - Klein* bezeichnet das Recht jenen Wertgehalt, den das Gesetz für seine Rechtsverbindlichkeit benötige. Demnach bedeutet „‚Gesetz' Positivität ohne Wertgehalt, ‚Recht' Wertgehalt ohne Positivität" (*H. v. Mangoldt*, Das Bonner Grundgesetz, 2. Aufl. v. *F. Klein*, Bd. I, Berlin u. Frankfurt a. M. 1966, — zit. von *Mangoldt - Klein*, Das Bonner Grundgesetz, 2. Aufl. — Art. 20 Anm. VI 4 f., S. 603).

Diese dialektische Formel von Gesetz und Recht wird hingegen von *Maunz-Dürig* geleugnet. Das Gesetz erfahre seine Geltung nicht nur aus seiner Positivität, sondern gerade aus seiner Grundrechtsübereinstimmung (*T. Maunz - G. Dürig - R. Herzog*, Grundgesetz, Bd. I, 2. Aufl., München 1968, Art. 20 IV Randnr. 72, S. 29).

[40] *E.-W. Böckenförde*, Gesetz und gesetzgebende Gewalt, Schriften zum öffentlichen Recht, Bd. I, Berlin 1958.

[41] *R. Smend*, Verfassung und Verfassungsrecht, München/Berlin 1928.

[42] *E.-W. Böckenförde*, a.a.O. S. 336.

[43] *D. Jesch*, Gesetz und Verwaltung, 2. Aufl., Tübingen 1968.

Seine Begriffserklärungen setzen mit dem Gesetz im formellen und materiellen Sinne ein[44].

Bei der Bestimmung des materiellen Gesetzesbegriffes greift er auf drei maßgebende Definitionen zurück, von denen die erste das materielle Gesetz mit dem Rechtssatz gleichstellt, wenn dem Gesetz der Zweck innewohnt, die Individualrechtssphären gegeneinander abzugrenzen, denn andernfalls, wenn irgend ein anderer Zweck verfolgt wird, handelt es sich um ein formelles Gesetz. Die zweite Definition läuft auf die bereits erwähnte Begriffsbestimmung von *Anschütz* hinaus, wonach es die Eigenschaft eines jeden Gesetzes im materiellen Sinne sei, daß es die Freiheit oder das Eigentum des einzelnen einschränke. Demnach ist das Gesetz, der in Freiheit und Eigentum eingreifende allgemeine Rechtssatz[45]. Der heute vorherrschenden Erläuterung entspricht die dritte Definition, wonach sich das materielle Gesetz schlechthin als „abstrakte generelle Rechtsregel" versteht. *Jesch* bezieht die Abstraktheit auf den zu normierenden Sachverhalt, die Generalität auf den vom Gesetz betroffenen Personenkreis[46].

Der Doppelfunktion des Gesetzes im sozialen Rechtsstaat vermag diese Betrachtungsweise jedoch wohl nur dann gerecht zu werden, wenn ein solcher gesetzlicher Eingriff in Individualrechte ungeachtet, ja gerade wegen seiner Abstraktheit und Allgemeinheit, zugleich als Ausgrenzung der Freiheitssphäre eines jeden von der Norm betroffenen Individuums verstanden wird, weil und insoweit die Legislative in regelbildender Häufigkeit nicht lediglich obrigkeitliche Tätigkeit zu Lasten des Bürgers anordnet, sondern dieser auch Schranken setzt.

---

[44] a.a.O. S. 9 ff.

[45] *G. Anschütz*, Art. „Gesetz" im WBStVwR Bd. 2, S. 212. — vgl. auch *M. v. Seydel*, Das Staatsrecht des Königreichs Bayern, Handbuch des öffentlichen Rechts der Gegenwart, Bd. 3/1, Freiburg 1888, S. 165. — *R. Thoma*, Grundbegriffe und Grundsätze, HDStR Bd. 2, S. 124 f. — *E. Forsthoff*, Lehrbuch des Verwaltungsrechts, Bd. 1, 7. Aufl., München 1958, S. 114.

[46] Interessant ist die Benennung dieser Erläuterungen als eine *privatrechtliche*, da sie von der Abgrenzung der Individualrechtssphären ausgeht, als eine *öffentlichrechtliche*, soweit sie „mit der Bestimmung des der Gesetzgebung vorbehaltenen Bereiches eng zusammenhängt oder hiermit sogar zusammenfällt", schließlich als eine *rechtstheoretische*, da sie — nach *Jesch* — die Grundlage für eine Klassifizierung der Staatsakte zu bilden scheint. Die Möglichkeit der Kombination und Überschneidung wird bei allem erkannt (s. hierzu *Jesch*, a.a.O. S. 14).

III. Harmonisierung

1. Rechtfertigung der Gesetzestheorien

a) Allgemeine Gesetzestheorien

Die ungewöhnliche Aufführung derart vieler Theorien und Erläuterungen des Gesetzes bedarf einer Rechtfertigung. Die Zusammenstellung erklärt sich daraus, daß bei der Vielfalt der Standpunkte eine Annäherung und Harmonisierung geboten erscheint.

Von ihrem Ausgangs- und Blickpunkte sind die vorgetragenen Ansichten — eine jede von ihnen in ihrer Art — innerlich begründet, so daß es nicht so sehr darauf ankommt, sie gegeneinander abzuwägen oder gar die eine abzulehnen, um die andere aufrecht zu erhalten. Die Abweichungen ergeben sich nämlich mehr aus der Art und Weise, wie das Gesetz in den Gesamtzusammenhang der betreffenden Disziplin und ihrer Vorschriften eingefügt wird. Denn die Einteilung in *allgemeine* und *besondere* Theorien des Gesetzes setzt von vornherein einen verschiedenen Standort des Betrachters voraus.

Die allgemeinen Gesetzestheorien orientieren sich an den Grundbegriffen der Rechtsordnung, indem sie auch das Gesetz selbst als einen solchen Grundbegriff der Rechtswelt ansehen, allerdings als einen immanenten und einen überragenden. Denn es kann nicht etwa das Gesetz in einem Zug mit dem Begriff des Eigentums oder dem des Vertrages genannt werden. Die allgemeinen Theorien schalten deshalb das Gesetz vor, setzen es gleichsam vor die Klammer oder identifizieren es als Inbegriff aller Rechtsnormen mit dem Recht im objektiven Sinne.

b) Besondere Gesetzestheorien

Anders verhält es sich mit den *besonderen* Theorien, die von vorneherein einen systematisch vorgegebenen Standort innerhalb der ihnen gemäßen, rechtswissenschaftlichen Disziplinen einnehmen.

Im Hinblick auf die Herkunft des Gesetzes vom Gesetzgeber bietet sich ex natura zuerst das Staats- und Verfassungsrecht an, ist es doch die gesetzgebende Gewalt, die den rechtstheoretischen Anknüpfungspunkt bildet. Als eine der staatlichen Gewalten lenkt sie die Gesetzesbetrachtung auf den Staat selbst, dessen Erscheinung und Funktionen sich in der Theorie die allgemeine Staatslehre annimmt. Auf diesem Wege begegnen wir dem Gesetzesbegriff im Rahmen der allgemeinen Staatslehre als einem Phänomen, das von dem Recht getrennt untersucht wird. Sofern das Wesen des Gesetzes aus dem Zusammenhang des Staats- und Verfassungsrechts ergründet wird, ist es aus dem Wesen der betroffenen Institutionen z. B. des Staates und der staatlichen Gesetzgebung zu verstehen, weil die gesamte Interpretation dem Staate in seiner Wirkungsweise zugeordnet ist.

c) Rechtstheoretischer Gesetzesbegriff

Die allgemeine Rechtstheorie gelangt zu einem Selbstverständnis des Gesetzes, weil sie es aus dem Recht, dem es ex natura zugehört, *mittelbar* abzuleiten sucht, freilich zum Teil mit formalen Ergebnissen.

Wird der Gesetzesbegriff zu einem *rechtstheoretischen* gemacht, so mag er zwar seine Verwendbarkeit als staatsrechtlicher und verfassungstheoretischer Begriff verlieren, nichtsdestoweniger behält aber die allgemeine Rechtstheorie des Gesetzes ihre innere Rechtfertigung und ihre weitreichende Bedeutung für das Gesamtverständnis des Gesetzes als eines allgemeinen Phänomens, das für alle Gebiete der Rechtsordnung Geltung hat.

Auf diese Weise eröffnet die allgemeine Rechtstheorie den *unmittelbaren* Zugang zu dem „Wechselbegriff" Recht, gleichwohl wie man das Verhältnis von Gesetz und Recht verfassungsrechtlich definiert, und gleichviel ob Gesetz „Positivität ohne Wertgehalt" und Recht „Wertgehalt ohne Positivität" bedeuten. Denn wie dem auch sei, die allgemeine Rechtstheorie erschließt der Gesetzesvorstellung alle diejenigen Zusammenhänge, die dem Recht a priori innewohnen, wie die *Kontinuität* des Rechts, die *Systematik* des Rechts und die *Idee* des Rechts im Sinne von Gerechtigkeit.

Was das Verhältnis von Gesetz und System angeht, so ist es gerade die allgemeine Rechtslehre, die diese Beziehung als eine wesentliche Aufgabe a priori umschließt, ist doch gerade der Rechtsordnungsgedanke im Sinne eines Systems des Rechts und der Gesetze ein essentielles Anliegen der allgemeinen Rechtslehre überhaupt.

Selbstverständlich stellen auch die übrigen Theorien, die nicht unmittelbar vom Recht zum Gesetz gelangen, die erörterte Verbindung her, freilich derart, daß sie in den Vordergrund den Staat und seine Funktionen stellen und infolgedessen erst mittelbar zu den Ergebnissen vorstoßen.

d) Gesetzestheorie in der Zivilrechtsdogmatik

Es besteht jedoch ein grundsätzlicher Unterschied zwischen der theoretischen Erfassung des Gesetzes im Rahmen der allgemeinen Rechts- und Staatslehre einerseits sowie der „théorie générale des lois" andererseits. Diese ist nämlich eine wahrhaft eigenständige Theorie des Gesetzes selbst. Die Bedeutung des Gesetzes wird aus seiner besonderen geschichtlichen Entwicklung in der zum Liberalismus tendierenden vorrevolutionären Zeit (1770—1789) verstanden. Später (1804) schlägt sich dieser Ideengehalt in dem code civil nieder.

Die Gesetzesphilosophie *Montesquieu's* geht davon aus, daß die Freiheit das Recht ist, alles zu tun, was die Gesetze erlauben. Wenn alle dem Gesetz gehorchten, würde dieses die Freiheit jedes einzelnen garantieren. So gewährleistet das Gesetz die Rechte des Individuums. Aber die Ausübung der gesetzgebenden Macht muß gemäßigt werden: „L'esprit de modération doit être celui du législateur." Von der Gewaltenteilung erwartet *Montesquieu* die Gesetzmäßigkeit der Verwaltung und Rechtsprechung. Der „citoyen" wird durch die Gewißheit gesichert, daß ihm keine anderen Verpflichtungen auferlegt werden als die ihm im Gesetz bekanntgemachten, und daß er wirklich der Rechte teilhaftig wird, die ihm das Gesetz gewährt. Ähnlich spricht *Rousseau* dem Gesetz die Funktion zu, die Achtung vor den Prinzipien der sozialen Ordnung zu sichern.

Die Rolle, die die Einzelgesetze in der revolutionären Reform des Zivilrechts gespielt haben, trug dann wesentlich dazu bei, daß das Gesetz selbst wie ein Instrument der „liberté" verherrlicht wurde und unter diesem Blickpunkt dem freien Eigentumsrecht an die Seite gestellt wurde. Aus diesen und anderen Gründen erklärt es sich, daß in der französischen Zivilrechtsdogmatik eine Theorie des Gesetzes figuriert. Die europäische Rechtsliteratur hat sich hiermit nicht hinreichend auseinandergesetzt, dennoch bringt diese Theorie eine überragende Zukunftsbedeutung — auch noch im 20. Jahrhundert — mit sich.

2. Gesetz und Recht

a) Zum Begriff des Rechts

Die Entwicklung des Gesetzesbegriffes im Rahmen der vorgetragenen Lehrmeinungen führt zwangsläufig immer wieder zu einer Auseinandersetzung mit dem Begriff des Rechts und damit zu allen Wertungen, die ihm innewohnen.

Im wesentlichen ist es eine Aufgabe rechtsphilosophischer Vertiefung, die übergesetzlichen oder sogar überrechtlichen Wertungen in das Gesetz hineinzulegen. Dies aber ist nicht in dem Sinne gemeint, daß die Gesetzeslehre der Dogmatik, die Wertung der Rechtsphilosophie zukomme, denn das Recht ist nach einem Worte von *Metzger* als „Bestimmungsnorm" (Imperativ) überhaupt nicht ohne das Recht als „Bewertungsnorm" denkbar. Diese ist sogar, wie *Engisch*[47] ausgeführt hat, unbedingte Voraussetzung des Rechtssatzes als Bestimmungsnorm.

[47] Einführung in das juristische Denken, S. 27. — Zum Ganzen: *H. Coing,*

Sind nun einerseits solche Bewertungsnormen für das rechte Verständnis und die Bestimmung des Inhalts der Gesetze von größtem Einfluß, so ist andererseits die Wertungslehre in ihren *rechtsphilosophischen* Kategorien in zunehmendem Maße bestrebt, das Gesetz als Einzelerscheinung selbst in den Kreis ihrer Betrachtungen einzubeziehen, besonders unter dem Gesichtspunkt der Charakterisierung der Rechtsnorm.

b) Rechtsnorm — Rechtssatz

Hiermit sind die in der Gesetzeslehre weit verbreiteten Merkmale, Rechtsnorm und Rechtssatz, berührt. Wie *Henkel*[48] näher dargelegt hat, decken sich indes diese beiden Begriffe nicht. Die Rechtsnorm bezeichnet den „Inhalt rechtlicher Sollensanforderung", ist daher imperativen Charakters, aber nicht eigentlich ein „Imperativ". Demgegenüber erfüllen die sogenannten definitorischen und ausfüllenden Rechtssätze andere Funktionen.

Was den Begriff des Rechtssatzes angeht, so führt dazu *Radbruch*[49] aus, daß dieser sich aus der positiven und normativen Natur des Rechts ergäbe und zugleich mit ihm die Begriffe seiner Bestandteile. So lasse sich im voraus sagen, daß Tatbestand und Rechtsfolge, Positivität und Normativität, dem Rechtssatz zugehörig seien.

Die obersten Grundsätze des Rechts. Ein Versuch zur Neugründung des Naturrechts, Heidelberg 1947, S. 113 ff. „Positives Recht gilt zunächst als Machtordnung des Machtträgers, der es setzt ... Aber genauere Betrachtung zeigt bald, daß es nicht allein als Zwangsordnung, um der Gewalt des Machtträgers willen gilt. Denn es wird in der Regel freiwillig befolgt, vom einzelnen Untertanen, aber vor allem vom Träger der Macht selbst, den niemand mehr zwingen kann. ... Seine Autorität ist eben nicht nur die des Befehls der Macht, sondern zugleich die der sittlichen Werte. ... Wie Recht beides ist: Ausdruck der friedensstiftenden Macht und der sittlichen Überzeugungen, so nimmt es auch aus beiden seine Autorität. ...

Und das gleiche Bild zeigt die Anwendung des positiven Rechts in der Rechtsprechung. ... Das Urteil ist eine eigene Willensentscheidung des Richters, und zwar eine sittlich gebundene, der Gerechtigkeit verpflichtete Entscheidung. Freilich ist der Richter dabei nicht vollkommen frei: er ist gebunden an den Maßstab, an die grundsätzliche Gerechtigkeitsentscheidung des Gesetzes. Trotzdem bleibt sein Urteil sittliche Entscheidung; ... Das Gesetz ist der Niederschlag, die Objectivierung lebendiger, erlebter Gerechtigkeit, und im Richter lebt diese Gerechtigkeit wieder auf, gewinnt wieder Leben. ... Das bedeutet aber für das Wesen der positiven Rechtsordnung, daß sie eben mehr sein muß als eine bloße Summe von Befehlen, daß sie vielmehr zugleich Ausdruck und Niederschlag bestimmter sittlicher Werterlebnisse ist. ...

Das positive Recht ist Menschenwerk, es ist Friedens- und Machtordnung und als solche an Machtinteressen gebunden; aber es ist zugleich Gerechtigkeitsordnung und als solche sittlichen Werten verhaftet. ..." (S. 130—133).

[48] *H. Henkel*, Einführung in die Rechtsphilosophie, München u. Berlin 1964, S. 63.

[49] *G. Radbruch*, Rechtsphilosophie, 6. Aufl., Stuttgart 1963, S. 128 f.

Die Gleichsetzung von Gesetz mit Rechtsnorm oder Rechtssatz läuft auf eine Tautologie hinaus und soll im allgemeinen wohl auch keine Definition des Gesetzes tragen. Der weitere Begriff ist der der Rechtsnorm, der nach der Stufentheorie alles rechtlich Verbindliche überhaupt umschließt. Unter einem Rechtssatz wird hingegen eine solche Rechtsnorm verstanden, die der richterlichen Rechtsanwendung als Obersatz dient.

c) Rechtsstaatlicher und demokratischer Gesetzesbegriff

Neben dem Gesetz im *materiellen Sinn* wird neuerdings darüber hinaus noch der *rechtsstaatliche* und *demokratische* Gesetzesbegriff entwickelt[50].

Die Aufgabe des rechtsstaatlichen Gesetzesbegriffes liegt vornehmlich in der „Kompetenzabgrenzung", die sich auf Akte des Parlamentes beschränkt und den Begriff des Gesetzes mit rechtsstaatlichen Anforderungen in Übereinstimmung bringen will. Der demokratische Gesetzesbegriff schließlich ist nicht nur ein rechtlicher, sondern zugleich politischer, weil er die Vorstellung eines demokratischen Gesetzgebers, zumindest die Mitwirkung des Volkes an der Gesetzgebung im Sinne einer Repräsentation verwirklicht. *Jesch* hat im einzelnen dargelegt, daß der materielle Gesetzesbegriff infolge des Untergangs der konstitutionellen Monarchie deutscher Herkunft überflüssig geworden und aus seiner neuen Formulierung Verwirrung zu befürchten sei. Gegen die Übernahme des Rechtssatzbegriffes der spätkonstitutionellen Staatslehre werden ähnliche Bedenken erhoben.

Die Tendenz scheint dahin zu gehen, das Gesetz aus der Realität von Staat und Verfassung historisch zu begreifen. Deshalb entfernt sich auch die *staatsrechtliche Dogmatik* von einem allgemeinstaatsrechtlichen Gesetzesbegriff mehr und mehr und neigt zu einem *geschichtsbezogenen Begriff*. „Von daher ergeben sich etliche Folgerungen für den Rechtssatzbegriff und wird der Weg frei für eine sachgerechte, konkrete Betrachtung der materiellen Staatsfunktionen, und es wird sich zeigen, daß diese sich anders darstellen in einem Staat, der die Ordnung von Wirtschaft und Gesellschaft weitgehend sich selbst überlassen kann, und anders in einem Staat, der als Sozialstaat Daseinsvorsorge treibt und das Sozialprodukt regulierend verteilt[51]."

d) Geschichtsbezogener Gesetzesbegriff

Es liegt auf der Hand, daß auf Grund solcher Betrachtungsweise das Gesetz nicht mehr als rein juristischer Begriff, sondern als historisches, politisches und philosophisch-soziologisches Phänomen zugleich ange-

---

[50] *D. Jesch*, a.a.O. S. 24 ff.
[51] *E. W. Böckenförde*, a.a.O. S. 334.

sehen werden muß. Es verhält sich hiermit ähnlich wie mit dem Eigentum, das einerseits dogmatisch als Eigentumsrecht in abstrakter Weise definiert, andererseits als konkreter Begriff aus einer bestimmten geschichtlichen Situation heraus gestaltet wird.

Die in Rede stehenden politischen, wirtschaftlichen, gesellschaftlichen und sonstigen Verhältnisse wirken sich vordringlich im Gesetzesbereich einer Rechtsgemeinschaft aus. Denn das Gesetz ist das verfassungsmäßige Mittel, mit welchem die soziale Ordnung der betreffenden Rechtsgemeinschaft nach der Leitidee der Gerechtigkeit als Zwangsordnung geschaffen wird. Der Zwangscharakter bezieht sich daher auf das Recht der Ordnungsmacht im Ganzen. Hierbei ist zu berücksichtigen, daß es auch Rechtsnormen gibt, die sich nicht zwangsweise durchsetzen lassen, wie z. B. im Rahmen des Verfassungsrechts. Einer Erläuterung des Zwangscharakters innerhalb der Gesetzeslehre bedarf es jedoch nicht.

e) Eigenständigkeit der Lehre vom Gesetz

Im Grunde genommen ist das Ziel weiter als die Harmonisierung von standortgebundenen Theorien gesteckt: Das Endziel sollte auf eine selbständige Lehre vom Gesetz gerichtet sein, und zwar eine Lehre, die seiner universellen Bedeutung für die Ordnung des staatlichen *und* menschlichen Lebens gerecht wird. Im Hinblick auf diese zweifache Funktion ist das Gesetz zugleich Akt der Rechtssetzung und rechtsnormative Lebensform. Wohnt der Rechtsnormativität die Vorstellung eines Normsetzers, eines Gesetzgebers inne, so der Daseinsgestaltung das Bild der „Gegebenheit“ und „Gesetztheit“. Es ist nicht der Gedanke der Bewußtmachung und Geltung des Gesetzes, sondern der Einrichtung des Gesetzes als einer rechtsnormativen Lebensform der Gesetzesbetroffenen.

IV. Die Soziologie des Gesetzes

1. Entscheidungsnormen — Organisationsnormen

Ehrlich[52], der Begründer der Rechtssoziologie in Deutschland, baut auf einer Untersuchung des praktischen Rechtsbegriffs auf und mündet dabei in eine Kritik der Rechtspraxis ein, die das Recht nur in Beziehung zum Streitverhältnis bringe und es daher nur als eine Regel, „nach der der Mensch handeln solle“, nicht aber als eine Regel des menschlichen Handelns schlechthin ansehe. Von diesem Ansatz aus er-

---

[52] *E. Ehrlich*, Grundlegung der Soziologie des Rechts, München und Leipzig 1913.

gibt sich für *Ehrlich*, daß das Recht eine doppelte Ordnung aufweist: die eine enthält Normen, die zur Entscheidung von Streitigkeiten bestimmt sind — die Entscheidungsnormen —, die andere dagegen diejenigen Normen, die das menschliche Handeln tatsächlich bestimmen — die Organisationsnormen. Die ersteren sind „Rechtssätze", die letzteren „gesellschaftliches Recht" oder gesellschaftliche Rechtseinrichtungen. Beide Ordnungen zusammengenommen ergeben erst „das gesamte Recht in der Gesellschaft". Das Grundproblem der Soziologie des Rechts sieht *Ehrlich* in der Frage, in welcher Weise sich die Umsetzung gesellschaftlicher Kräfte in das Recht vollzieht. „Aus jedem Wort fast geht es hervor, daß dem Juristen, der von einem Rechtsverhältnis handelt, immer nur die Frage vorschwebt, wie die Streitigkeiten, die aus diesem Rechtsverhältnisse entstehen, zu entscheiden sind, nicht die davon ganz verschiedene Frage, wie sich die Menschen in diesem Rechtsverhältnis benehmen und zu benehmen haben..." „Rechtsnormen, die bloße Entscheidungsnormen geblieben sind... ordnen die Verbände nicht." Am Ende stehen sich zwei Rechtsordnungen gegenüber: die von der Gesellschaft selbsttätig geschaffene einerseits und die auf Rechtssätzen beruhende und von den Gerichten und staatlichen Behörden durchgeführte andrerseits[53].

Die Gesellschaft ist demnach an jeder Normsetzung von vornherein beteiligt, wie sich auch immer die Mitwirkung gestalten mag. Der „staatliche" Gesetzgeber ist gleichsam als Organ der Gesellschaft wirksam. Wenn demnach auch ein „gesellschaftliches Recht" als selbständige Rechtsordnung in der dualistischen Vorstellung nicht anerkannt zu werden vermag, so doch jene gesellschaftlichen Kräfte, die ständig um das Recht kreisen, sei es im Sinne einer Weiterentwicklung und Fortbildung — man denke an die treibenden Kräfte auf dem Gebiete des Arbeitsrechts —, sei es im Sinne einer Änderung und Aufhebung. Die Gesellschaft ist es dann selbst, die sich eine neue rechtliche Ordnung der Dinge setzt.

2. Recht als gesellschaftliches Phänomen

Die rechtssoziologische Betrachtung fragt nach den Ursachen dafür, daß eine bestimmte Rechtsordnung zur Geltung gelangt ist, erforscht die kausalen Faktoren geschichtlicher Entwicklungsgänge, gesellschaftlicher und wirtschaftlicher Gegebenheiten, um auf diese Weise die Vorgänge des Wachstums des Rechts[54, 55] zu durchdringen. So wird zugleich

[53] Zum folgenden s. *H. Eichler*, Recht, Handbuch der Soziologie, Stuttgart 1956, S. 921.

[54] Grundlegend *M. Weber*, Rechtssoziologie, Soziologische Texte, Bd. 2. hrsg. von *Heinz Maus* und *Friedrich Fürstenberg*, 2. Aufl. 1967. „Wenn von ‚Recht', ‚Rechtsordnung', ‚Rechtssatz' die Rede ist, so muß besonders streng auf

das Recht als gesellschaftliches Phänomen sichtbar gemacht. Denn die Rechtsordnung ist nicht zu einer bestimmten Zeit als einheitliches Ganzes entstanden, sondern allmählich gewachsen und zu dem geworden, was sie jetzt ist, zusammengefügt aus einer Vielzahl von Normen von verschiedener Geschichtstiefe, Geltungsdauer, wirtschaftlicher und sozialer Tragweite. So blickt jedes Gesetz auf seine eigenartige Entstehungsgeschichte zurück und erfüllt eine konkrete Aufgabe in der Gesellschaft.

Die Ergründung aller Faktoren, die auf die Entstehung oder Änderung eines Gesetzes einwirken — sowohl durch die Initiativ- als auch die Oppositionskräfte, deren Ringen meist eine Kompromißbildung erzwingt —, ist insoweit ein soziologisches Anliegen, als sich darin ein sozialer Zustand offenbart. Namentlich die geistigen Strömungen sowie politischen und religiösen Richtungen und die darauf beruhenden Auseinandersetzungen und Machtkämpfe von Parteien, Gruppen usw. gehören in dieses Vorfeld des Gesetzgebungsvorganges. Die Gesetzessoziologie ist in diesem Rahmen noch Neuland[56]. Sie berührt sich in diesem Gedankenkreis mit der Lehre von der Repräsentation von Interessen. Demgegenüber wird das ungesetzte Recht durch „Gewohnheit", durch „Übung", d. h. durch Handlungen, die seine Anwendung enthalten, verlautbart. Dieses Gewohnheitsrecht ist, wie wir gesehen haben, die ursprüngliche Erscheinungsform des Rechts, tritt aber auf höherer Kulturstufe als Rechtsquelle mehr und mehr hinter das gesetzte Recht. Im Grunde genommen ist die „Gewohnheit" auch nicht die Geltungsquelle, sondern liefert den „Normenkern"[57] *(Geiger)*, der durch das „Fungieren des Rechtsmechanismus" zur Rechtsnorm ausgeprägt wird.

---

die Unterscheidung juristischer und soziologischer Betrachtungsweise geachtet werden. ... Die letztere fragt: was innerhalb einer Gemeinschaft *faktisch* um deswillen *geschieht*, weil die *Chance* besteht, daß am Gemeinschaftshandeln beteiligte Menschen, darunter insbesondere solche, in deren Händen ein sozial relevantes Maß von faktischem Einfluß auf dieses Gemeinschaftshandeln liegt, bestimmte Ordnungen als geltend *subjektiv* ansehen und praktisch behandeln, also ihr eigenes Handeln an ihnen orientieren."

Wenngleich *Max Weber*, wie *Johannes Winckelmann* in dem Vorbericht zu dieser Studienausgabe ausführt, eine Definition der Aufgabe der Soziologie nicht bringe, so sei es klar: „den Gegenstand ihrer Betrachtung bildet die Verflochtenheit und Zugeordnetheit von Recht und Gesellschaft, das Recht als soziale Wirklichkeit, als Teil der sozialen Realität, das Recht (wirkend und bewirkt) als ‚Erfahrungstatsache'. ... die Rechtssoziologie macht das von Rechts wegen normativ Gültige und praktisch Betätigte zum Objekt *empirischer* Untersuchung und befragt es auf seine soziale Daseinsqualität nach Bestimmungsgrund, Auswirkung und Struktur" (a.a.O. S. 20).

[55] Weitere rechtssoziologische Werke und Schriften s. Soziologische Texte, Bd. 20, S. 425 ff.

[56] s. hierzu *H. Eichler*, a.a.O. S. 917.

[57] *T. Geiger*, Vorstudien zu einer Soziologie des Rechts, Soziologische Texte, Bd. 20, Neuwied a. Rhein u. Berlin 1964, S. 173.

Die gewohnheitsrechtliche Regel entsteht im sozialen Bereich, etwa im Wirtschaftsleben, und wird erst später von der Rechtsordnung aufgenommen, insbesondere durch „judikatorische Option auf die Gewohnheitsregel", d. h. durch ständige Rechtsprechung. Die soziologische Quellenlehre sieht in diesem Zusammenhang die Gerichtspraxis als „Inhaltsquelle" von Rechtsnormen an. Hiernach ist auch die Rechtswissenschaft Inhaltsquelle von Rechtsnormen insoweit, als ihre Erkenntnisse durch Vermittlung des Gesetzgebers oder der Rechtsprechung verbindliche Bedeutung im Rechtsleben erlangen. Die Ausschöpfung der Inhaltsquelle ist ein Bemühen der Rechtssoziologie; das rechtstechnische System der Quellenlehre hat es indes nur mit den „Berufungsquellen" zu tun, d. h. mit den Erscheinungsarten und -formen des objektiven Rechts, auf das man sich „berufen" kann.

Die Rechtssoziologie als ein Teilgebiet der Soziologie untersucht daher das Sozialleben, wie es tatsächlich verläuft, auf sein Verhältnis zu den Rechtsnormen.

C. Das System der Gesetze

I. Die Individualgesetze und Ausführungsbestimmungen

1. Allgemeinheit des Gesetzes in der französischen Theorie

Die *französische Theorie* sieht im Gesetz eine Regel von allgemeinem und dauerhaftem Charakter, die von der „autorité publique" aufgestellt und sanktioniert wird. Eine Entscheidung, die von der öffentlichen Gewalt nur für einen bestimmten Fall getroffen werden darf, ist kein Gesetz, weil dieses für eine unbestimmte Zahl von Fällen ergeht.

Ein solcher Grundsatz bedeutet nicht, daß jedes Gesetz nach dem Inhalte seiner Regelung alle Personen gleichmäßig ergreift, wie es bei Straf- und Polizeigesetzen regelmäßig der Fall ist. Aus der Natur der Sache folgt nämlich, daß gewisse Gesetze nur auf bestimmte Kategorien von Personen Anwendung finden, wie z. B. Grundeigentumsgesetze auf die Eigentümer von Grundstücken. So gesehen, kann sich ein Gesetz nach dem Gegenstand der Regelung nur auf einen beschränkten Personenkreis beziehen, ausnahmsweise gar nur auf eine Person, beispielsweise dann, wenn es die Amtsbezüge des Staatsoberhauptes regelt. Bei einer solchen Konkretisierung kommt das Merkmal der Allgemeinheit darin zum Ausdruck, daß das Gesetz nicht nur einen einzelnen, sondern alle gedachten Fälle einer Regelung zuführt, im genannten Beispiel somit auch für den zukünftigen Inhaber des Amtes gilt.

2. Allgemeinheit des Gesetzes in der deutschen Theorie

Wie auch die *deutsche Theorie* anerkannt hat, entspricht dem Merkmal der Allgemeinheit demgemäß auch eine Regel, die an einen generell bestimmten Tatbestand eine ebenso bestimmte Rechtsfolge knüpft. Zugeordnet werden nicht „einzelne konkrete Rechtsverhältnisse", sondern „Kategorien von solchen"[1]. Die verfassungsrechtliche Theorie hat diese dahin präzisiert, daß innerhalb eines nach „typischen Kennzeichen" bestimmten Kreises von Personen und Sachverhalten alle Fälle gleichmäßig ergriffen werden. Es besteht Übereinstimmung darüber,

[1] Statt aller: ***Enneccerus - Nipperdey,*** a.a.O. S. 243.

daß das Merkmal der Allgemeinheit von vorneherein nicht absolut genommen werden darf, sondern nur im Sinne der geschilderten, unbestimmten Vielheit von Tatbeständen.

Die Uneinheitlichkeit des Sprachgebrauchs nötigt allerdings zu weiterer Determinierung der Begriffe *allgemein, abstrakt* und *generell.*

Der Oberbegriff ist das Merkmal der Allgemeinheit. Sie kommt in der abstrakten Formulierung des Gesetzes, wie beschrieben wurde, zu normativem Ausdruck. Das Wort generell wendet sich mehr an den Kreis der vom Gegenstand des Gesetzes betroffenen Personen. Die Kombination abstrakt und generell umgreift somit beides, den Inhalt des Gesetzes und seine Richtung auf den Adressaten. Die Dauerhaftigkeit des Gesetzes läßt sich mit *Jesch*[2] und anderen auch als eine Folge der Allgemeinheit, und zwar im temporären Sinne, auffassen. Nicht zu identifizieren ist die Allgemeinheit mit Allgemeingültigkeit im Sinne von Allgemeinverbindlichkeit des Gesetzes. Sie bezieht sich auf die Rechtsgeltung und ihren Grund.

Im Rahmen des Gesetzessystems sind die getroffenen Unterscheidungen insofern von Bedeutung, als die Tendenzen zur Konkretisierung und Individualisierung des Gesetzesinhaltes im Laufe der Zeit zu Einteilungen geführt haben, wonach neben das „klassische" Gesetz das *Einzelfallgesetz* und *Maßnahmegesetz* gestellt werden.

3. Individualgesetz — Maßnahmegesetz

Diese beiden Arten fallen unter den Begriff *Individualgesetz,* den man mit *Enneccerus-Nipperdey*[3] als Einzelfallgesetz und Einzelpersonengesetz aufgliedern kann. Im Schrifttum besteht über dieses Phänomen und die Einteilungen keine Einmütigkeit.

Unter Maßnahmegesetzen, der Ausdruck geht auf *Forsthoff*[4] zurück, werden solche Rechtssätze verstanden, die den zu regelnden Tatbestand an eine rein zweckmäßige Rechtsfolge[5] knüpfen, dergestalt, daß der Gesetzgeber Lebenssachverhalte in einem Tatbestand zusammenfaßt, um ihn „einer primär zweckmäßig orientierten Rechtsfolge" zu unterwerfen. Hierbei geht es um eine zeitlich oder zahlenmäßig begrenzte Zahl von Lebenssachverhalten. Nach anderer Ansicht, die insbesondere neuerdings von *Zeidler*[6] vertreten worden ist, ist das Maßnahmegesetz

---

[2] a.a.O. S. 13, mit weiteren Nachweisen.

[3] a.a.O. S. 292 ff.

[4] *E. Forsthoff,* Über Maßnahmegesetze, Forschungen und Berichte aus dem öffentlichen Recht, Gedächtnisschrift für *W. Jellinek,* München 1955, S. 221 ff.

[5] Vgl. *C.-F. Menger,* Gesetz als Norm: Das Gesetz als Norm und Maßnahme, VVDStRL. Heft 15 (1957), S. 1 ff.

[6] *K. Zeidler,* Maßnahmegesetz und „klassisches" Gesetz, Karlsruhe 1961; s. auch *K. Huber,* Maßnahmegesetz und Rechtsgesetz, 1963.

nur ein in der Wirklichkeit feststellbares Phänomen, das in den Bereich der Rechtssoziologie gehöre[7]. Das nur an der Zweckmäßigkeit orientierte Merkmal wird sogar als Synonym für nicht sachgerechte Erwägungen angesehen. Auch von anderer Seite werden Bedenken erhoben.

Auf dem Zweiten Österreichischen Juristentag hielt *Antoniolli* ein Referat „Herrschaft durch Gewaltentrennung"[8], in welchem er die Funktionen der staatlichen Organe nach der österreichischen Verfassung umriß. Was die gesetzgebenden Organe angehe, so hätten sie Recht zu setzen, d. h. *allgemeine* Anordnungen zu erlassen. Hiermit könnten nur durch Verfassungsgesetze oder auf Grund verfassungsrechtlicher Ermächtigung andere Organe betraut werden. Demzufolge komme dem Gesetzgeber „das Monopol auf Erlassung allgemeiner Anordnungen" zu, weshalb der individuelle Akt verfassungsrechtlich außerhalb seiner Kompetenz liege. Daher, so führt *Antoniolli* aus, sei das Individualgesetz nicht nur vom Gleichheitssatz, sondern auch vom Prinzip der Gewaltentrennung her, wie sie *Kelsen* entwickelt habe — nicht im Sinne einer Teilung der Staatsgewalt, sondern einer organisatorischen Trennung der Staatsorgane —, als bedenklich anzusehen.

Diese Auffassung steht in einem gewissen Widerspruch zu einer Entscheidung des österreichischen Verfassungsgerichtshofes, die die Verfassungsmäßigkeit des 1. Verstaatlichungsgesetzes vom 26. Juli 1946, BGBl. Nr. 168, anerkannte und hierbei die Zulässigkeit von Individualgesetzen bejahte[9]. Die genannte Entscheidung ist Gegenstand kritischer Beurteilung gewesen. Namentlich hat *Spanner*[10] geltend gemacht, das Maßnahmegesetz sei seinem Inhalt nach, also materiell betrachtet, eine Verwaltungshandlung oder ein judizieller Akt, so daß das Prinzip der Gewaltenteilung verletzt sei. Andererseits räumt er ein, daß das Bundesverfassungsgesetz Individualgesetze nicht ausdrücklich verbiete[11].

Neuerdings hat *Fröhler*[12] das sogenannte Maßnahmegesetz mit überzeugenden Erwägungen gestützt, die auf die Verschränkung von Rechts-

---

[7] a.a.O. S. 209.

[8] *W. Antoniolli*, Herrschaft durch Gewaltentrennung, Zweiter ÖJT. 1964, Forum XI/128, S. 357.

[9] VfGH. Slg. 3118/56.

[10] *H. Spanner*, Bundesverfassung und Erstes Verstaatlichungsentschädigungsgesetz, ÖJZ. 1957, S. 197 ff.

[11] So stellte das deutsche Bundesverfassungsgericht (BVerfGE. 15, 146) fest, daß beispielsweise ein Regelungsgesetz gemäß Art. 134 GG. (4) unverkennbar den Charakter eines auf einen konkreten Sachverhalt abgestellten Gesetzes, eines „Maßnahmegesetzes" trage. Gesetze dieser Art seien jedoch durch das Grundgesetz nicht ausgeschlossen und als Übergangsregelung geradezu unvermeidlich.

[12] *L. Fröhler*, Die verfassungsrechtliche Grundlegung des sozialen Rechtsstaats in der Bundesrepublik Deutschland und in der Republik Österreich, München 1967. — s. Ders., Das Wirtschaftsrecht als Instrument der Wirtschaftspolitik, Linzer Hochschulschriften 1, Wien 1969, S. 4. Der Gedanke kehrt bei den Rechtsformen der Planung S. 145 ff. wieder.

staat und Sozialstaat zurückgehen. Hiernach kann die genannte Kategorie von Gesetzen nicht ohne weiteres aus rechtsstaatlichen Gründen für bedenklich erklärt werden, sondern ist unter sozialstaatlichem Gesichtspunkt zu begreifen[13]. Mit Recht zieht aber *Fröhler* der gesetzgeberischen Maßnahme Grenzen, die der Rechtsstaat jedem Rechtssetzungsakt, vor allem mit dem Gleichheitsgebot und dem Verbot willkürlicher Differenzierungen, setzt[14].

Bedenklich erscheint der Versuch, die Maßnahmegesetze den Rechtsgesetzen gegenüberzustellen, wie es *Ballerstedt*[15] getan hat, und diese wiederum einzuteilen in Instituts- und Ordnungsgesetze. Auch das sogenannte Maßnahmegesetz ist Gesetz von Rechts wegen, deshalb „Rechtsgesetz".

Die gesetzgeberische „Maßnahme" ist freilich nur Akt der Gesetzgebung, sofern sie den entsprechenden Anforderungen genügt. Schon *Kelsen* hatte auf der Tagung der deutschen Staatsrechtslehrer im Jahre 1927 zum Ausdruck gebracht, daß das Parlament nicht nur *generelle*, sondern auch *individuelle* Normen beschließen könne[16]. Das Individualgesetz sei aber in einem Gesamtsystem der Gesetze als systemwidriger Fremdkörper anzusehen, mit dem der Gesetzgeber eine Art Exemtion von der *allgemeinen* Rechtsregel bewirke. Im Prinzip wird dieser Ansicht auch noch heute beigepflichtet. Ob der Grundsatz sich freilich auch dann bewähren kann, wenn seine ausnahmslose Anwendung die Teilhabe des Parlaments an der politischen Gewalt, an der Führung des Staates in Frage stellen würde, muß derjenige Gewaltenträger entscheiden, dem die jeweilige Verfassung die Zuständigkeit zur Ordnung solcher rechtserheblicher Wertkonflikte allein oder im Zusammenwirken mit anderen Staatsorganen vorbehalten hat.

4. Rechtsdogmatischer Allgemeinbegriff

War bisher von der Allgemeinheit als einem Merkmal der Gesetze die Rede, so bedarf es jetzt noch eines Wortes zum *rechtsdogmatischen Allgemeinbegriff*. In dieser Hinsicht sollen die früheren Untersuchungen von Allgemeinbegriffen, wie etwa Treu und Glauben, gute Sitten, wichtiger Grund, nicht wieder aufgenommen werden. Es genügt daran

[13] Ders., Die verfassungsrechtliche Grundlegung des sozialen Rechtsstaats in der Bundesrepublik Deutschland und in der Republik Österreich, S. 28 ff.

[14] a.a.O. S. 30.

[15] *K. Ballerstedt*, Über wirtschaftliche Maßnahmegesetze, Festschrift f. W. *Schmidt-Rimpler*, Karlsruhe 1957, S. 369 ff.

[16] *H. Kelsen*, Diskussionsreden zu den Berichten „Der Begriff des Gesetzes in der Reichsverfassung" bei der Tagung der Vereinigung der deutschen Staatsrechtslehrer zu München am 24. und 25. März 1927, Veröffentlichungen der Deutschen Staatsrechtslehrer, Heft 4, 1928, S. 177.

zu erinnern, daß diese generellen Begriffe stets im Zwiespalt zwischen Fortbildung des Rechts und Flucht in die Generalklauseln stehen, daß andererseits die Rechtsordnung ohne solche Tatbestandsmerkmale nicht auskommen kann.

Die Tendenz geht dahin, solche Allgemeinbegriffe zu vermehren. Hierbei leistet die Methode Dienste, Begriffe wissenschaftlichen Disziplinen zu entnehmen, um sie in das Gesetz einzubauen.

Die weitschichtige Problematik bildet einen Ausschnitt aus der Entwicklung, die dazu geführt hat, daß *„vorjuristische" Begriffe* in Rechtsnormen mehr und mehr verwendet werden. Die Gesetze beschränken sich nicht mehr auf juristische Begriffe, wie z. B. Schuldverhältnis, Hypothek, Erbrecht, sondern entleihen Begriffe aus anderen wissenschaftlichen Disziplinen, etwa aus dem Gebiete der Medizin und Technik. Der Gesetzgeber verweist gewissermaßen auf diese außerjuristischen Phänomene, indem er sie ohne weiteres übernimmt. Oft erscheinen aber diese Ausdrücke weder dem Richter noch dem Außenstehenden als eine Verweisung auf eine andere Disziplin, weil die Grenzen zwischen dem Fachbegriff und dem allgemeinen Sprachgebrauch flüssig sind. Typisch ist die Handhabung außerjuristischer Begriffe im Rahmen des Wirtschaftsrechts.

Rinck[17] hat unlängst solche Begriffe zusammengestellt, z. B. „Wettbewerb", „Markt", „Grundsätze ordnungsgemäßer Buchführung" u. a.[18] und für die Abstufung von Bindungen des Richters an vorjuristische Begriffe ein Einteilungsschema aufgestellt. Hiernach soll es eine *starre Bindung*, eine *halbstarre Bindung* und eine *Ungebundenheit* geben[19]. Die technisch-wirtschaftswissenschaftliche Begriffswelt entwickelt z. B. Ausdrücke mit feststehender Bedeutung, an die der Richter ohne weiteres gebunden ist, wie an den Ausdruck ordnungsgemäße Buchführung. Mitunter gewähren Begriffe einen gewissen Spielraum, wie z. B. Wettbewerb und Beschränkung des Wettbewerbs. Für den dritten Formenkreis, in dem keine Bindung besteht, weil die Begriffe zum Gemeingut geworden sind, werden Beispiele genannt wie der Wille als psychologisches Phänomen und das Unternehmen als wirtschaftswissenschaftliche Erscheinung. Wie dem auch sei, als Prinzip ist festzuhalten, daß Begriffe, die aus einer anderen wissenschaftlichen Disziplin als der juristischen oder aus dem allgemeinen Sprachgebrauch in den Text des Gesetzes übernommen werden, nach juristischer Interpretationsmethode

---

[17] *G. Rinck*, Wirtschaftswissenschaftliche Begriffe in Rechtsnormen, Recht im Wandel (Beiträge zu Strömungen und Fragen im heutigen Recht), Festschrift C. Heymanns Verlag KG, Köln/Berlin/Bonn/München 1965, S. 361—375. — s. auch *L. Fröhler*, Das Wirtschaftsrecht als Instrument der Wirtschaftspolitik, S. 45 ff.

[18] *Rinck*, a.a.O. S. 361.

[19] *Rinck*, a.a.O. S. 374 f.

auszulegen sind, weil sie Rechtsbegriffe geworden sind. Dies kann allerdings zu abweichenden Interpretationen führen, wie beispielsweise im Falle der medizinischen und juristischen Auslegung der Begriffe der Geisteskrankheit und -schwäche.

Ob es vom gesetzestechnischen Standpunkt aus ratsam ist, das Gesetz mit bereits wissenschaftlich vorgeformten „fremden" Begriffen zu überlasten, bleibe hier offen[20].

5. Rahmengesetze

In diesem Zusammenhang ist eine gesetzgeberische Kompetenzverteilung zu behandeln, die lediglich die Aufstellung von Rahmengesetzen dem allgemeinen Vertretungskörper vorbehält, die ausführende, den örtlichen Gegebenheiten anpassende Tätigkeit, den einzelnen lokalen *Gesetzgebungsorganen* zuordnet. Damit wird ein System von Gesetzen geschaffen, die den gleichen Gegenstand und zwar in verschieden umfassender Weise, einer Regelung unterwerfen. Die Tendenz verläuft von einer allgemeinen zu einer besonderen Ordnung der Dinge.

So führt beispielsweise das österreichische B.-VG. in der Fassung von 1929 im Art. 12 Abs. 1 alle jene Angelegenheiten auf, in denen dem Bund die Gesetzgebung über die *Grundsätze*, den Ländern die Erlassung von Ausführungsgesetzen und ihre Vollziehung zukommt. Mangels einer ausdrücklichen Festlegung der inhaltlichen Tragweite des Begriffes „Grundsatz" im B.-VG. selbst, soll der Bundesgesetzgeber dieser Kompetenzverteilung entsprechend nur jene Anordnungen treffen, die einer für das gesamte Bundesgebiet wirksamen einheitlichen Regelung bedürfen, wohingegen die Länder unter Berücksichtigung der Bindung an die Grundsätze die betreffenden Materien in den übrigen Belangen einer abschließenden Regelung zuführen. Damit ergibt sich die verpflichtende Begrenzung der Gesetzgebungskompetenz sowohl des Bundes, eine über die Grundsätze hinausreichende Detailbestimmung zu unterlassen, als auch der Länder, den vom Bundesgesetzgeber aufgestellten Grundsätzen nicht zu widerstreiten, aber auch diesen keinerlei Einschränkung widerfahren zu lassen. Nur insoweit der Bundesgesetz-

---

[20] s. hierzu *H. Krüger*, Die Versuchsprobleme des Entwurfes eines Kraftfahrsachverständigen-Gesetzes, Hamburger Öffentlich-rechtliche Nebenstunden Bd. 21, Hamburg 1968, S. 5. Er beurteilte unlängst kritisch das Übermaß an Gesetzgebung und „zudem vorwiegend technischer Gesetzgebung", das zu einer Verlagerung der gesetzgeberischen Tätigkeit vom Plenum in die Ausschüsse führe und gleichzeitig „die Mandatare" dem „öffentlichen Blickfeld entrücke" sowie ihren politischen Aufgaben entfremde. So werde die Gesetzgebung als die vornehmste unter den Aufgaben eines Volksvertretungskörpers mehr und mehr ihrer vorrangigen Stellung beraubt.

geber keine grundsätzlichen Bestimmungen getroffen hat, kommt der Landesgesetzgebung das Recht der ungebundenen Regelung zu (Vgl. VfGH. Slg. 2087/51)[21].

Grundsätzliche Anordnungen im vorgenannnten Sinne sind aber *zunächst* alle vom Bundesgesetzgeber in Angelegenheiten des Art. 12 ergehende Bestimmungen, denn der Bundesgesetzgeber sei *nur* zur Erlassung eines Grundsatzgesetzes berechtigt. Falls sich nämlich der Bundesgesetzgeber nicht auf die Aufstellung von Grundsätzen beschränkt, sondern Detailbestimmungen erläßt, die der ausführenden Ländergesetzgebung keinen Raum mehr offen hält, kann der Verfassungsgerichtshof in einem Verfahren nach Art. 140 B.-VG. die Wahrung der Kompetenz nachprüfen[22, 23].

---

[21] Im vorstehenden Erkenntnis des österreichischen Bundesverfassungsgerichtshofes wird unter anderem festgestellt, daß die durch das Bundesgesetz aufgestellten Grundsätze unbedingt und in vollem Ausmaß verbindlich seien und nur im Falle einer ausdrücklichen Ermächtigung Ausnahmen gemacht werden könnten.

[22] Das Bonner Grundgesetz unterscheidet zwischen Rahmen- und Grundsatzgesetzgebung, welch letztere Vorläuferin der Rahmengesetzgebung gewesen ist. Diese besteht als eine Kompetenz des Bundes neben der ausschließlichen Gesetzgebung desselben und der konkurrierenden Gesetzgebung des Bundes und der Länder (*T. Maunz* - *G. Dürig* - *R. Herzog*, Grundgesetz, Bd. II, 2. Aufl., München 1968, Art. 70 III Randnr. 13—24, S. 6 ff.).

Die Rahmengesetzgebung steht als dritte Gesetzgebungsart selbständig neben den bereits genannten. Innerhalb der Rahmengesetzgebung wird dem Bundesgesetzgeber die Beschränkung auferlegt, einen allgemeinen Rahmen im Sinne einer Teilregelung zu ziehen, die jedoch nicht für sich allein bestehen kann, sondern noch der landesgesetzlichen Ausführung bedarf. Der vom Bund geschaffene Rahmen muß daher auf die Ausfüllung durch die Ländergesetzgebung von vornherein angelegt sein. Durch das Tätigwerden des Bundes im Bereich der konkurrierenden Gesetzgebung wird die Landesgesetzgebung ausgeschlossen, umgekehrt setzt der Erlaß von Rahmengesetzen eine entsprechend nachfolgende Gesetzgebungstätigkeit des Landesgesetzgebers im Sinne der geschilderten Erfüllung voraus. Wenn ein Bundesgesetz seinen „Rahmen" sprengt, so steht es nicht im Einklang mit der Verfassung (*Maunz* - *Dürig*, Bd. II, a.a.O. Art. 75 II Randnr. 12, S. 7). Die Grundsatzgesetze hingegen können nur den Landesgesetzgeber, nicht jedoch den einzelnen binden, weil ihnen einzig der Charakter einer Richtliniengebung innewohnt. Ihre Geltung ist auf die Ablösung von Staatsleistungen gegenüber religiösen Gesellschaften beschränkt (Art. 140 GG. i. Verb. mit Art. 138 I Satz 2 WeimVerf. — s. *Maunz* - *Dürig*, Bd. II, a.a.O. Art. 70 III Randnr. 22, S. 9).

[23] Von diesem Begriff des Rahmengesetzes ist der gesetzgeberische Rahmen zu trennen, auf den sich der Bundesgesetzgeber im Bereich der Gegenstände der ausschließlichen und konkurrierenden Gesetzgebung freiwillig beschränkt. Soweit es sich hierbei um die ausschließliche Gesetzgebung des Bundes handelt, haben die Länder die in Rede stehende Befugnis nur, wenn und insoweit sie hierzu in einem Bundesgesetz ausdrücklich ermächtigt worden sind (*Maunz* - *Dürig*, Bd. II, a.a.O. Art. 71 I Randnr. 10, S. 3 f.). Umstritten ist, ob im Bereich der konkurrierenden Gesetzgebung auch eine solche ausdrückliche Ermächtigung erforderlich ist (*Maunz* - *Dürig*, Bd. II, a.a.O. Art. 75 I Randnr. 5, S. 4. — *v. Mangoldt* - *Klein*, Das Bonner Grundgesetz, Bd. II, Berlin u. Frankfurt a. Main 1964, S. 1417 f.).

6. Ermächtigung des Gesetzgebers

In diesen Zusammenhang ist andeutungsweise die Problematik einzufügen, die von weitgefaßten Ermächtigungen, die der Gesetzgeber den Verwaltungsbehörden zur Ausführung von Gesetzen erteilt, ausgeht. In der österreichischen Bundesverfassung ist der Grundsatz verankert, daß Verordnungen nur als „gesetzesvollziehende Normen" erlassen werden sollen, denn die gesamte staatliche Verwaltung darf nur auf Grund der Gesetze ausgeübt und Verordnungen dürfen von den Verwaltungsbehörden innerhalb ihres Wirkungsbereiches nur auf Grund der Gesetze erlassen werden[24]. Hierin wird unmittelbar die generelle Ermächtigung der Verwaltungsbehörden erblickt, ohne eine besondere Ermächtigung in den einzelnen Verwaltungsvorschriften, Verordnungen zu erlassen. Jedoch handelt es sich hierbei nicht um ein selbständiges und gesetzesänderndes Verordnungsrecht, sondern um ein Recht zur Ausführung der *allgemein* gehaltenen Anordnungen des Gesetzes. Dieses muß von vornherein inhaltlich hinreichend *bestimmt* sein, damit aus ihm allein alle wesentlichen Momente der vorgesehenen Regelung ersichtlich sind. Nicht nur das *Ob*, sondern auch das *Wie* der Formulierung muß in Gesetzesform bestimmt sein, wie der österreichische Verfassungsgerichtshof formuliert hat[25, 26].

Die angedeuteten Anforderungen beruhen auf der rechtsstaatlichen Auffassung und dem Prinzip der Gesetzmäßigkeit der Verwaltung, auch in Beziehung auf das in Rede stehende Verordnungsrecht. Das Legalitätsprinzip gerät in ein Spannungsverhältnis zum sozialstaatlichen Gedanken, weil es nicht immer den Anforderungen gerecht wird, welche „einer Verwaltung aus der Pflicht zur Obsorge und zur sozialen Protektion aus dem Sozialstaatsgedanken" erwachse[27]. Man geht deshalb davon aus, daß die Notwendigkeit einer Adaption an „variable wirtschaftliche Strukturen" einen weitgehenden Handlungsspielraum der das Wirtschafts- und Sozialgefüge dirigierenden Verwaltung nötig mache[28]. Vom Standpunkt des von der Verfassung angestrebten sozialen Rechtsstaats sind daher in näher zu umreißenden Umfang sogenannte „Global-

---

[24] Vgl. Art. 18 Abs. 1 u. Abs. 2 B.-VG.
(1) Die gesamte staatliche Verwaltung darf nur auf Grund der Gesetze ausgeübt werden.
(2) Jede Verwaltungsbehörde kann auf Grund der Gesetze innerhalb ihres Wirkungsbereiches Verordnungen erlassen.

[25] Vgl. insbes. VfGH. Slg. 176/23.

[26] Vgl. *L. Adamovich - H. Spanner*, a.a.O. S. 324. — Zur Rechtsprechung des VfGH. vgl. *Adamovich*, Rechtsprechung, S. 45 f.

[27] *L. Fröhler*, a.a.O. S. 27.

[28] *L. Fröhler*, Die verfassungsrechtliche Grundlegung des sozialen Rechtsstaates in der Bundesrepublik Deutschland und in der Republik Österreich a.a.O. S. 28. — Neuerdings Ders., Das Wirtschaftsrecht als Instrument der Wirtschaftspolitik a.a.O. S. 41 ff.

ermächtigungen" unvermeidbar[29]. Hiermit tritt die gesamte Problematik, die mit den unbestimmten Rechtsbegriffen und Ermessensbestimmungen verbunden ist, ins juristische Blickfeld. Diese kommen dem wachsenden Bedürfnis des Gesetzes nach Anpassung an die sich ständig ändernden wirtschaftlichen und sozialen Verhältnisse entgegen, zumal der Gesetzgeber selbst nicht in der Lage ist, den im Flusse der Entwicklung befindlichen Sachverhalten durch eine kasuistische Normierung zu entsprechen. Andererseits sind oft erörterte Gefahren mit der Devolvierung der Verantwortung vom Gesetzgeber an die Verwaltungsbehörden verbunden[30].

Im Grunde genommen geht es nicht so sehr um rechts- und sozialstaatliche Prinzipien, auch nicht um die Gewaltenteilung, sondern um eine hinreichende Präzision derjenigen allgemeinen Begriffe, die zum Gegenstand der Ermächtigung erhoben werden. Insofern ist der Forderung beizupflichten, daß unbestimmten Rechtsbegriffen noch eine hinreichend prägnante Fassung innewohnen müsse, die ihre Interpretationsmöglichkeiten gewährleisten, und daß die Ermessensbestimmungen den Sinn des Gesetzes in einer klaren Weise formulieren[31]. Nur dann ist auch die Ausweitung der Richtermacht, nur dann ist die Anreicherung des Funktionsraumes der Justiz verfassungsrechtlich und verfassungspolitisch vertretbar, entbehrt die rechtsprechende Gewalt doch andernfalls des Richtmaßes, auf das sie als Grundlage kasuistischer Wertung Anspruch hat.

II. Interdependenz

1. Aufgliederung der Normen

a) Erläuterung

Die Interdependenz der Gesetze ist bisher wissenschaftlich wenig bearbeitet worden. Begrifflich läßt sich dieses Phänomen nur schwierig erfassen. Gemeint ist die Gesamtheit jener Faktoren, auf Grund deren die Gesetze oder eine Gruppe von ihnen miteinander dergestalt ver-

---

[29] *L. Fröhler,* Die verfassungsrechtliche Grundlegung des sozialen Rechtsstaats in der Bundesrepublik Deutschland und in der Republik Österreich a.a.O. S. 29.

[30] In diesem Zusammenhang hat *Schambeck* ausgeführt, daß Willkür und ungleiche Behandlung als Folge dieser Flucht in die Generalklauseln und Ermessensbestimmungen nur durch „strenge Rechtsprechung verhindert werden können". Damit wird das Problem lediglich von der Verwaltung auf die Gerichtsinstanz geschoben (*H. Schambeck,* Österreichs Sportförderung im Lichte des Rechts- und Bundesstaates, ÖJZ. 1968, S. 117).

[31] Vgl. *L. Fröhler,* Die verfassungsrechtliche Grundlegung des sozialen Rechtsstaats in der Bundesrepublik Deutschland und in der Republik Österreich a.a.O. S. 29.

knüpft sind, daß sie aus diesen Zusammenhängen heraus geplant werden und zu interpretieren sind. Damit tritt auch der Gedanke einer Gesetzesplanung auf, wodurch dem Gesetzgeber die Aufgabe gestellt wird, die Gesetze systematisch aufeinander abzustimmen, ebenso wie dem Richter obliegt, die Gesetze aus dieser Verbundenheit heraus auszulegen.

Welche Faktoren es sind, die in der angedeuteten Richtung Bande knüpfen, läßt sich durch eine Aufzählung nicht erschöpfen. Der Zusammenhang wird einerseits durch die betreffenden Lebensbereiche, andererseits durch die Ordnungssysteme verschiedener Art, wie z. B. Wirtschaftsverfassung, Steuersystem, Strafensystem usw., hergestellt. Schließlich sind es die Rechtsinstitute selbst, die innerhalb des Systems der Rechtsordnung die Gesetze miteinander verbinden.

b) *Grundeinteilung der Normen*

In den verschiedenen Lebensbereichen ist in erster Linie menschliches Verhalten zu ordnen, so daß eine Kategorie von Gesetzen als *Verhaltensnormen* bezeichnet worden ist. Diesen werden von *Esser* die sogenannten *Organisationsnormen* und die *Verteilungsnormen* an die Seite gestellt[32]. Haben die Verhaltensnormen Rechtsverhältnisse zum Gegenstande, die eine Berechtigung oder Verpflichtung, ein Verbot oder ein Erlauben aussprechen, so bestimmen die Verteilungsnormen die Zuteilung von Gütern und anderen Werten, aber auch von Unwerten, von Schäden, Unkosten und „Gefahren". In diesem Ordnungsgebiet hebt *Esser* beispielsweise als wichtige Zuteilungsnormen die Anerkennung oder Nichtanerkennung von Rechtsgeschäften aus den Gründen der Gültigkeitsvoraussetzungen, der Nichtigkeit und Unwirksamkeit, hervor[33]. Die Organisationsnormen sollen schließlich der verfassungsmäßigen Bestimmung der Rechtsinstitutionen, ihrem Aufbau, der Verwaltung und ihren Zuständigkeiten dienen. Bedürfe bereits die Familie einer Organisation, so auch beispielsweise die Güterverwaltung der Eheleute, um die *„Formen"* für die verschiedenartigen vermögensrechtlichen Verhältnisse festzulegen.

Die Grenzen dieser Typologie der Rechtssätze sind jedoch flüssig, worunter die Allgemeingültigkeit dieses Einteilungsprinzips leidet. Wie *Esser* selbst ausführt[34], wird innerhalb der Verhaltensnormen eine Ordnung umschlossen, die nicht verpflichtend oder berechtigend gemeint ist, sondern *befähigend*. Der Normempfänger sei gleichsam ermächtigt, Rechtsbeziehungen in einem vorgezeichneten Rahmen frei zu formen.

---

[32] a.a.O. S. 138 f.

[33] a.a.O. S. 139.

[34] a.a.O. S. 138, 139, 140.

Diese Normengruppe gehöre im Grunde genommen nicht mehr den Verhaltensnormen, sondern den Organisationsnormen an, die ebenfalls unscharf abzugrenzen sind. Auch wird eingeräumt, daß die Verteilungsnormen wiederum nichts anderes als erweiterte Verhaltensnormen darstellten, da der Verteilung die Befolgung eines Verteilungsgebotes und die Achtung des Verteilungsstandes innewohne. Darüber hinaus wird aus dieser dreigeteilten Ordnung der Rechtssätze der Typus der Strafnorm ausgeklammert[35], da ihm wegen seiner Schutz-, Erziehungs- und Sühnezwecke eine Sonderstellung zukomme.

c) Die funktionale Bedeutung der Gesetze in der Rechtssoziologie

Im Grunde genommen beruht die vorgetragene Einteilung auf einer Analyse der sozialen Funktionen der Rechtsnormen, die rechtssoziologischen Charakters ist. Indem die Rechtsnorm als Richtschnur menschlichen Verhaltens schlechthin aufgefaßt wird und alle Verhaltensweisen, die Rechte und Pflichten vollziehen, als „Ausübung unserer Rechtsnormen" erscheinen, werden die sogenannten Verhaltensnormen wie eine allgemeine Kategorie behandelt und damit allen Arten von Normen impliziert. Die Einteilung in Verteilungs- und Organisationsnormen erfolgt unter dem besonderen Gesichtspunkt der sozialen Funktionen.

Der distributiven Funktion entsprechen die sogenannten Verteilungsnormen, der organisatorischen Funktion die sogenannten Organisationsnormen. Aus der distributiven Funktion erwächst als Nebenerscheinung das „offizielle" Recht der „Gruppe", das u. a. das Gerichtswesen regelt. In der organisatorischen Funktion der Rechtsnormen liegt die Einrichtung einer mit autoritativer Macht ausgestatteten Instanz beschlossen, die auf der Rechtsüberzeugung der Mitglieder beruht. Endlich ergibt sich die Gliederung und Schichtung der Mitglieder der Gruppe aus den beiden angeführten Funktionen der Rechtsnormen. Die Rechtsnormen verleihen „sogar den organisierten Gruppen oder Institutionen feste soziale Gestalt"[36]. Nach dem organisatorischen Prinzip sind die Gruppen in „Rollen und Personen" aufgegliedert[37].

Diese Ausführungen *Sorokins* leiten zu dem rechtssoziologischen Phänomen der *sozialen Rolle* über. In letzter Zeit ist es vor allem Ernst E. *Hirsch* gewesen, der innerhalb der Betrachtung des Rechts im sozialen Ordnungsgefüge dargelegt hat, daß jedes Individuum und jede Kollek-

---

[35] s. *Esser*, a.a.O. S. 140.

[36] Vgl. hierzu *P. A. Sorokin*, Organisierte Gruppen (Institution) und Rechtsnormen, Studien und Materialien zur Rechtssoziologie, hrsg. von *E. E. Hirsch* und *M. Rehbinder*, Köln und Opladen 1967, S. 87—120.

[37] *Sorokin*, a.a.O. S. 117.

tiveinheit zugleich Inhaber mannigfacher sozialer Positionen ist, die demjenigen, der in diesem konkreten sozialen Beziehungsfeld steht, die entsprechenden sozialen „Eigenschaften“ verleihen[38]. Der Begriff der „Rolle“ ist darauf zurückzuführen, daß jeder einzelne „im Welttheater des sozialen Lebens“ in einer solchen Rolle auftritt, die den in Betracht kommenden sozialen Positionen entspricht[39]. Mit der Rolle wird demnach ein Inbegriff von Verhaltensweisen bezeichnet, die dem Inhaber „einer sozialen Position in einem bestimmten Gesellschaftsintegrat von diesem aufgegeben werden“[40]. Der *Individualperson* tritt der *„Rollenmensch“* gegenüber, der sich als Arbeitgeber oder Arbeitnehmer, als Unternehmer, als Handelsvertreter oder Prokurist verhält.

Hat die theoretische Soziologie den Rollenbegriff schon längst eingeführt, setzt er sich in der Rechtssoziologie erst allmählich durch[41]. So wird ersichtlich, was schon Max *Weber*[42] hatte anklingen lassen, daß das Rechtssystem durch die Differenzierung nach Rollen in verschiedene Subsysteme spezialisiert wird. Die „Rolle“ wird gleichsam als *normatives Subsystem* angesehen.

Im System der Rechtsnormen bilden diejenigen, die die genannten „Sozialrollen“ bestimmen, nur eine Kategorie unter anderen. Die Rolle schlechthin als *Strukturelement* einer modernen Rechtstheorie zu bezeichnen, geht deshalb zu weit, weil es eine große Zahl von Rechtsnormen gibt, die außerhalb des Begriffs der sozialen Rolle stehen, denn sie gelten für jedermann ohne Rücksicht auf diese seine Eigenschaften.

d) Normen der Konstitution, der Sozialrollen und der Sanktion

Jeder Rechtsordnung sind nämlich *Grundstrukturen* eigen, die normativen Ausdruck finden, gleich ob sie im Privatrecht oder im öffentlichen Recht ihren Sitz haben. Zu denken ist hierbei z. B. an bestimmte *Fähigkeiten* im rechtlichen Sinn, wie Rechtsfähigkeit, Geschäftsfähigkeit, Deliktsfähigkeit, an bestimmte *Voraussetzungen* für den Abschluß von Rechtsgeschäften, zu denken ist ferner an die *Grundstrukturen* des öffentlichen Rechts, insbesondere des Verfassungsrechts, vor allem an die Verfassung selbst. Es besteht die Versuchung, alle diese

---

[38] *E. E. Hirsch*, Das Recht im sozialen Ordnungsgefüge, Beiträge zur Rechtssoziologie, Berlin 1966, S. 31.

[39] *E. E. Hirsch*, a.a.O. S. 31.

[40] Ders., a.a.O. S. 31.

[41] *M. Rehbinder*, Wandlungen der Rechtsstruktur im Sozialstaat, Studien und Materialien zur Rechtssoziologie, Köln und Opladen 1967, S. 215 (mit weiteren Nachweisen zum Rollenbegriff s. Anmn. S. 220 f.).

[42] *M. Weber*, Rechtssoziologie, hrsg. v. *J. Winckelmann*, Soziologische Texte Bd. 2, Neuwied 1960.

Normen unter dem Gesichtspunkt des *Status* zu sehen. Das rechtssoziologische Schrifttum scheint indes die „Sozialisierung" des Rechts als fortschreitende Abkehr vom Statusrecht aufzufassen[43]. Deshalb wird der Begriff der Statusnorm hier vermieden. Statt dessen wird der Begriff „Konstitutionsnorm" eingeführt. Hiermit wird die Gesamtheit derjenigen Normen gemeint, die allgemein gesehen — ohne Hinwendung zum Rollenmenschen — die Grundstrukturen der Rechtsordnung im weitesten Sinne umschließen. Deshalb könnte man die „Konstitutionsnorm" auch als „Strukturnorm" bezeichnen. An die zweite Stelle treten dann die Normen der Sozialrollen.

Eine dritte Kategorie bilden die sogenannten *Sanktionsnormen im weitesten Sinne,* die allen übrigen Gesetzen zugeordnet sind. Sie umfassen insbesondere Verfahrens- und Vollstreckungsordnungen, vor allem auch das gesamte Gebiet der strafrechtlichen Sanktion. Hiermit wird das Ergebnis gewonnen, daß im rechtssoziologischen Blickfeld drei Normengruppen nebeneinander stehen:

1. Normen der Konstitution (Strukturnormen),
2. Normen der Sozialrollen,
3. Normen der Sanktion.

Die genannten Normengruppen figurieren in dieser rechtssoziologischen Sicht ohne Abstufung nebeneinander.

Die Relation zwischen einer höheren und niederen Norm, worauf auch immer der Vorrang beruhen mag, kommt daher nicht zum Tragen. Insbesondere läßt sich die Geltung der normativen Ordnung in diesem System nicht auf ein und dieselbe Grundnorm zurückführen im Sinne der *Lehre* vom *Stufenbau,* wonach die Rechtsordnung nicht ein System von gleichgeordneten Rechtsnormen, sondern ein Stufenbau verschiedener Schichten[44] ist. Nach dieser Auffassung ist das System durch den Zusammenhang hergestellt, „der sich daraus ergibt, daß die Geltung einer Norm, die gemäß einer anderen Norm erzeugt wurde, auf dieser anderen beruht, deren Erzeugung wieder durch andere bestimmt ist"[45]. Dieser Regreß endet bekanntlich in der „vorausgesetzten Grundnorm" als dem obersten Geltungsgrund, „der die Einheit dieses Erzeugungszusammenhangs stiftet"[46, 47].

---

[43] Vgl. hierzu insbes. *M. Rehbinder,* a.a.O. S. 206 ff.

[44] *H. Kelsen,* Reine Rechtslehre, 2. bearb. Aufl., Wien 1960, S. 228 ff.

[45] Ders., a.a.O. S. 228.

[46] Ders., a.a.O. S. 28.

[47] Nach der Lehre *Merkls* (vgl. im besonderen: Prolegomena einer Theorie des rechtlichen Stufenbaus, Gesellschaft, Staat und Recht, Untersuchungen zur Reinen Rechtslehre, hrsg. von *A. Verdross,* Wien 1931, S. 252 ff.) werden zwei verschiedene Stufenordnungen unterschieden, nämlich eine solche nach der derogatorischen Kraft und eine nach der rechtlichen Bedingtheit. — s. Versuch

Im vorgetragenen Vorschlag ist das System der Gesetze nicht auf den Erzeugungs- und Geltungszusammenhang, auch nicht auf den obersten Geltungsgrund zurüchgeführt worden, sondern auf die soziale Interdependenz und die daraus resultierenden Funktionen der Normen[48].

2. Das Prinzip der Auswahl der Gesetze

Es geht um die Abgrenzung dieser Interdependenz von der Freientwicklung der Person[49]. Das Anliegen ist, die Ordnung der Gesetze vom Individuum und seinem gesellschaftlichen Dasein her zu begreifen, sozusagen vom Betroffenen her, d. h. von den einzelnen und ihrer Rechtsgemeinschaft her, was nicht gleichbedeutend mit „Untertan" und seiner „Unterworfenheit" unter das Gesetz ist. Denn Jahrhunderte hindurch ist das Gesetz von *oben* her, von der Zentralmacht, von der gesetzgebenden Gewalt, von dem Herrscher über Gesetzesunterworfene, vom Staat und seinen Funktionen her, betrachtet worden. Unter diesem Aspekt erschien der einzelne als der dem Gesetz „Unterworfene".

Die Geschichte der Gesetzgebung ist ein getreues Abbild dieser, sich von Zeit zu Zeit wandelnden Anschauungsformen. Mag sich auch die

---

einer näheren Erörterung der Lehre Merkls: *R. Walter*, Der Aufbau der Rechtsordnung (eine rechtstheoretische Untersuchung auf Grundlage der Reinen Rechtslehre), Grazer Rechts- und Staatswissenschaftliche Studien Bd. 12, Graz 1964, S. 53 ff.

[48] Grundlegend noch immer: *Karl Renner*, die Rechtsinstitute des Privatrechts und ihre soziale Funktion, Nachdruck Stuttgart 1965. — s. auch *J. Esser*, Grundsatz und Norm, 2. Aufl., Tübingen 1964, S. 31 ff. — *W. Krawietz*, Das positive Recht und seine Funktion, Schriften zur Rechtstheorie, Heft 9, Berlin 1967, der zum Begriff der Funktion (S. 13 ff.) ausgeführt hat: „Der funktionale Aspekt des positiven Rechts stellt ein Rechtsphänomen dar, das von der Rechtswissenschaft in eigener Zuständigkeit zu bearbeiten ist. Da jedes Gesetz — indem es den Menschen bestimmte Handlungen gestattet, gebietet oder verbietet — zum menschlichen Leben Stellung nimmt und damit in einen bestimmten funktionalen Bezug zur menschlichen Daseinsordnung tritt, darf die Rechtswissenschaft diese Bezogenheit allen Rechts auf die soziale Wirklichkeit nicht als metajuristisch oder gar rechtlich irrelevant ausschließlich anderen Disziplinen überlassen ...

Die Inangriffnahme einer dynamisch-funktionalen Rechtstheorie erscheint notwendiger denn je, da im Zuge der voranschreitenden Verwissenschaftlichung auch der Rechtssetzung die Rechtsnormen in ständig steigendem Maße als Mittel zur Verwirklichung spezifischer Zwecke eingesetzt werden".

Dieser Standpunkt ist im Prinzip zutreffend. Er darf nur nicht dahin führen, daß das einzelne Gesetz lediglich aus dieser Funktion begriffen wird. Das rechtliche Wesen des Gesetzes ist nicht aus dem Vollzug von Funktionen, wie sie auch immer beschaffen sein mögen, zu verstehen, sondern aus der Aufgabe, Recht und Gerechtigkeit zu verwirklichen. In dieser Aufgabe liegt der funktionale Bezug zur menschlichen Daseinsordnung beschlossen. — Zur Funktionalmethode s. *Walter R. Schluep*, Was ist Wirtschaftsrecht?, Bern 1968, S. 83 f.

[49] Vgl. *T. Geiger*, a.a.O. S. 134 ff.

Grundkonzeption, daß das Gesetz dem einzelnen im Sinne früherer Auffassung auferlegt wurde, gewandelt haben, so ist doch nach wie vor offen, bis zu welchem Umfange der einzelne dem Gesetz ausgesetzt ist[50], nach welchen Gesichtspunkten also die Auswahl der gesetzlich zu ordnenden Sachverhalte und Lebensverhältnisse vor sich geht. Mit Recht ist deshalb von rechtssoziologischer Seite die Frage aufgeworfen worden[51], ob der Auswahl gewisser Verhältnisse, die einer gesetzlichen Regelung zugeführt werden, auf der einen Seite und dem Verzicht auf eine solche Regelung von Verhältnissen, die hiervon verschont bleiben, auf der anderen Seite, ein erkennbares Rechtsprinzip zugrunde liegt. Herkömmlich werden nur diejenigen Sachverhalte in die Normsetzung einbezogen, deren Regelung also im Interesse der Allgemeinheit unerläßlich angesehen wird und unter den gegebenen Machtverhältnissen durchsetzbar ist. Eine allgemeine, materielle Bestimmung der Rechtsordnung im Gegensatz zu anderen Ordnungsgefügen in der Weise, daß Normen, die gewisse Arten von Lebensverhältnissen regeln, kraft dieses ihres Inhalts als Rechtsregeln angesprochen werden müßten, — eine solche Bestimmung der Rechtsordnung ist undenkbar. Nicht ihrem Inhalte, sondern dem Typus des ordnungstragenden „Gesellschaftsintegrates" und der Struktur des „Ordnungsmechanismus" nach ist die Rechtsordnung gegenüber anderen geselligen Ordnungsgefügen gekennzeichnet. Und jedes beliebige soziale Lebensverhältnis wird zum rechtlichen Verhältnis eben dadurch, daß die Rechtsordnung sich regelnd seiner annimmt[52].

Diese Ausführungen zeigen, daß der Möglichkeit breiter Raum gegeben ist, die *freie* Entwicklung des Individuums mehr und mehr auf gesetzgeberischem Wege einzudämmen. Mit dem grundrechtlichen Schutz, der gewissen gesetzlichen Eingriffen in die Individualrechtssphäre verfassungsrechtlich Schranken setzt, berührt sich diese Problematik nicht. Der Gesetzgeber ist zwar hierdurch an gewisse verfassungsrechtliche Grenzen gebunden, kann aber außerhalb dieser Grenzen ungehindert den Betätigungsraum des Individuums auf gesetzlichem Wege mehr und mehr einschränken. Diese vorwiegend soziologische Erkenntnis trifft sich mit der gesetzespolitischen Untersuchung, die sich mit der Tendenz zur Hypertrophie und mit der Not der Gesetzgebung, mit der Massenerscheinung des Gesetzes usw., befaßt[53].

---

[50] s. *T. Geiger*, a.a.O. S. 159 ff.

[51] s. hierzu *G. Boehmer*, Grundlagen der bürgerlichen Rechtsordnung, 1. Buch, Tübingen 1950, 1. Kap. „Begriff und Wesen des bürgerlichen Rechts", § 2 „Sozialethische Bedeutung des bürgerlichen Rechts", S. 13 ff.

[52] *T. Geiger*, a.a.O. S. 161.

[53] *H. Jahrreiss*, Größe und Not der Gesetzgebung, Schriften der Wittheit zu Bremen, Reihe D Bd. 20, 1953, S. 32 ff.

3. Die gesetzesfreie und die gesetzesgebundene Individualrechtssphäre

Indessen ist das Problem nicht mit quantitativen Betrachtungen einer Lösung zuzuführen. Es geht vielmehr um die Qualität des Gesetzes und Planung des Gesetzgebungswerkes oder, wie man oft gesagt hat, um die „Kunst der Gesetzgebung". Vor allem geht es aber um die grundlegende Erkenntnis, daß das Gesetz nicht bestimmt ist, in allen Hinsichten die soziale Wirklichkeit nachzuzeichnen. Insbesondere kommt dem Gesetz nicht die Aufgabe zu, sich in allen Einzelheiten den Phasen des sozialen und technischen Fortschritts und der wirtschaftlichen Wandlungen normativ anzunehmen, zumal es dadurch zu kurzfristigen Regelungen gezwungen wird. Wie auch immer diese Gesetzesnot behoben wird, unbestreitbar ist, daß mit zunehmender Ausweitung des Gesetzesbereiches, d. h. mit der Zahl und der sachlichen Ausbreitung der gesetzlichen Regelungen, die die Individualrechtssphäre in irgendeiner Weise beeinflussen, die oben erwähnte Freientwicklung des Individuums im Ausmaß der hiermit verbundenen gesetzlichen Beschränkungen eingeengt wird. Der Umfang dieser Begrenzung hängt freilich vom Eingriffscharakter des Gesetzes ab. Unter diesem Aspekt unterscheiden wir die *gesetzesfreie* und die *gesetzesgebundene Individualrechtssphäre*[54].

In dieser Antithese offenbart sich das Merkmal der *Personenbezogenheit* des Gesetzes, ein Kriterium, das übrigens in einem gewissen Gegensatz zu der Eigenschaft der sozialen Funktion des Gesetzes steht, weil der auf die Einzelperson bedachte Ansatz individualrechtlich ist[55].

[54] Anschaulich *Sorokin,* a.a.O. S. 97, 98: „In jedem von uns wirken Tausende von Rechtsnormen und Rechtüberzeugungen. Sie äußern sich ständig in unserer Sprache („Ich habe ein Recht, dies zu tun"; „Es ist meine Pflicht, das zu tun"; „Dies ist rechtmäßig"; „Das ist unrechtmäßig, unerhört"; „Dies ist gerecht, jenes ist ungerecht" und so fort) und in der Mehrzahl unserer Handlungen, die die klaren Anweisungen der Rechtsnormen genau befolgen. Alle Handlungen (Tun, Nichttun, Dulden, Nichtdulden), die als Ausübung unserer Rechte und Pflichten vollzogen werden, sind eine Ausübung unserer Rechtsnormen. In der Gesamtheit aller von uns ausgeführten Handlungen nehmen sie einen größeren Platz als alle anderen Handlungsarten ein (etwa Handlungen, die von anderen Normen bestimmt sind, Handlungen ohne Normen, rechtswidrige Handlungen oder solche, die neutralem Zweckdenken oder anderen Gründen entspringen).

Wir leben und handeln, werden geboren und sterben, empfinden Freud und Leid in der ‚Atmosphäre der Rechtsnormen' (oder Rechtsinhalte und -werte); in diesem Sinne durchdringen sie alle Sphären unseres Verhaltens und alle Gebiete des sozialen Lebens. Sie bewirken, daß wir über eine ungerechte oder schändliche Handlung entrüstet sind, lassen uns die Erfüllung der Pflicht oder den Einsatz des Lebens bewunderungswürdig erscheinen, treiben uns dazu an, ‚Ungerechtigkeit' zu bekämpfen und ‚Rechtmäßigkeit' zu schützen, und geben uns ein sicheres Gefühl für die Richtigkeit, Fairneß und Gerechtigkeit unserer vielfältigen Handlungen im Zusammenleben mit anderen Menschen. In diesem Sinne ist der Großteil unserer Handlungen nichts anderes als die Manifestation der Rechtsnormen, die wir besitzen."

[55] Die Antithese ist vom Standpunkt der Betrachtung abhängig, gibt es doch

In Ansehung des Begriffs des gesetzesgebundenen Einzelbereiches sind Erläuterungen notwendig. In dieser Hinsicht kommen nämlich nicht nur diejenigen Gesetze in Betracht, die Freiheit und Eigentum des einzelnen im Sinne der Grundrechte einschränken, sondern alle Gesetze, die, auf welche Weise und aus welcher Wirkung heraus auch immer, die Entschließung und Handlungsweisen, kurzum das gesamte Verhalten des einzelnen, in seiner Lebenssphäre irgendwie tangieren können, ganz gleich, ob sie es im Einzelfall auch wirklich berühren. Der Lebensbereich des einzelnen kann z. B. betroffen werden durch Straf-, Abgaben-, Bewirtschaftungsgesetze, Zulassungs- und Polizeivorschriften usw.

Um jeden Zweifel auszuschließen, ist nochmals hervorzuheben, daß es sich bei diesen Erwägungen nicht um die Verfassungsmäßigkeit der Gesetze handelt, sondern allein darum, ob und in welchem Umfang sie die Freientwicklung des Individuums unter dem Gesichtspunkte seiner betroffenen Entschließungen und Verhaltensweisen beeinflussen.

4. Die gesellschaftliche und die staatliche Sphäre

Hierbei ist allerdings zu berücksichtigen, daß die Gesetze — wie wir gesehen hatten — gesellschaftliche Funktionen innerhalb der Rechtsgemeinschaft zu erfüllen haben, denn sie durchdringen zugleich die Sphären des einzelnen und des sozialen Lebens. Die Gesetze, die als Verhaltensnormen der Individualrechtssphäre immanent sind, wohnen zugleich der rechtsgemeinschaftlichen Ordnung inne. Z. B. dient die Aufstellung von Verkehrsvorschriften, die dem einzelnen ein verkehrsgemäßes Verhalten auferlegen, gerade der Aufrechterhaltung des Verkehrs im Interesse der Allgemeinheit. Was auf der Seite der Individualrechtssphäre als Inanspruchnahme des Menschen erscheint, erweist sich so auf der anderen Seite als Notwendigkeit einer allgemeinen Ordnung. Diese legt ein bestimmtes Maß von Anforderungen an das Individuum fest, die sich nach objektiven Merkmalen, beispielsweise dem verkehrsgemäßen Verhalten, beurteilen. Ob aber der einzelne den gesetzlichen Anforderungen einer dynamischen Verkehrsentwicklung objektiv gewachsen ist, ist nach den Möglichkeiten des Individuums zu beurteilen, nützt es doch nichts, ihm ein Verhalten abzufordern, dem er mit menschlichen Kräften nach sachverständigem Urteil nicht mehr gewachsen sein kann. Der Mensch wird hier zum Maß des Gesetzes.

---

nur *gesellschaftlich* existierende Individuen. Insbesondere beurteilt die Rechtssoziologie den Stoff des Rechts auf den „gesellschaftlich lebenden Menschen" hin. S. hierzu und zum Verhältnis von Rechtssoziologie und Ideologiekritik *W. Maihofer*, Ideologie und Recht, Frankfurt a/M. 1969, Einl. S. XII. Zum Begriff der Ideologie und ihrer Beziehung zur Gesetzgebung s. *P. Noll*, a.a.O. S. 63 ff. Zur Rechtssoziologie und Systembildung: *B. Dombeck*, Das Verhältnis der Tübinger Schule zur deutschen Rechtssoziologie, 1969, S. 30 ff.

Einen weiteren Aspekt bieten die Gesetze, die eine Sanktionsordnung mit sich bringen, wie z. B. Strafvorschriften für den Fall der Zuwiderhandlung gegen die genannten Verkehrsvorschriften. Hiermit ist als dritte Kategorie neben der *Normenordnung* innerhalb der *Einzelrechts-* und *Gesellschaftssphäre* die *staatliche Sphäre* gewonnen. Gemeint ist aber nicht der Staat als Gesetzgeber, sondern die Bezogenheit des Gesetzes auf den Staat.

Die vielen Differenzierungen machen eine Zusammenfassung nötig. Vom rechtssoziologischen Standpunkt aus wurde der Lebensbereich des einzelnen aufgegliedert in einen normfreien und normgebundenen. Der letzte wurde in seinen drei Ausstrahlungen auf das Individuum, die Gesellschaft und den Staat untersucht. Hatten wir im vorigen Abschnitt die Normen aufgeteilt in Normen der Konstitution und Struktur, Normen der Sozialrollen und der Sanktion, so sind nunmehr auch die Lebensbereiche, in denen sie „wirksam" sind, unter verschiedenen Aspekten aufgezeigt worden.

5. Philosophie des Gesetzes

Von der Soziologie des Gesetzes führt der Weg zur *Philosophie* des Gesetzes. Hiermit ist freilich nicht die Philosophie des Rechts in ihrer üblichen Zielsetzung gemeint, sondern eine besondere Philosophie des Gesetzes, wie sie unter anderem von Anselm von *Feuerbach*[56] entwikkelt worden ist.

Die Philosophie der Gesetzgebung ist für *Feuerbach* die Wissenschaft von den Regeln, die den „Gesetzgeber binden und leiten", kurzum die Weisheit des Gesetzgebers[57]. Er ruft nach einer Gesetzesphilosophie, wie sie etwa vor ihm *Montesquieu*[58] aus naturrechtlicher Vorstellung angebahnt hatte. Zwar beziehen sich diese Gedanken auf eine bestimmte, historische Situation, nämlich auf die Zeit des Naturrechts und des beginnenden Positivismus, von der Gesetzeslehre aus gesehen aber erscheinen sie grundsätzlich zeitlos. Die Philosophie der Gesetzgebung bezeichnet *Feuerbach* schlechthin als „Gesetzwissenschaft" im Sinne einer „Universaljurisprudenz"[59]. Er versucht von der Philosophie aus die „Weisheit, Konsequenz und Harmonie" des Rechtssystems zu verstehen[60].

---

[56] *A. v. Feuerbach*, Gesetzgebung und historische Rechtswissenschaft (1810 und 1824), Deutsches Rechtsdenken Heft 7, Frankfurt a. Main 1948, S. 32 ff.

[57] a.a.O. S. 32.

[58] *Montesquieu*, Vom Geist der Gesetze, in einer Übertragung eingeleitet und herausgegeben von *E. Forsthoff*, 1951.

[59] a.a.O. S. 30.

[60] s. bei *E. Wolf*, a.a.O. S. 551 ([12]).

In Österreich ist es vor allem Franz von *Zeiller*[61] gewesen, der von solcher philosophischer Blickrichtung aus die Grundsätze der Gesetzgebung aufgestellt hat. An den Anfang setzt er das Postulat, daß die Gesetze *gerecht* sein sollen. Unter Hinwendung zur Privatrechtskodifikation fordert er dann die Vollständigkeit, Gleichartigkeit und Vereinbarkeit der Normen. Seine Befürchtung gilt namentlich den Widersprüchen, die unter verschiedenen Gesetzen bestehen können. Zu den Anforderungen, die er an das Gesetz stellt, gehört auch eine genaue Bestimmung der Begriffe und Rechtssätze, weil die Deutlichkeit der Rechtsbegriffe die Voraussetzung für die Kenntnis der Rechtssätze sei. Die Haupteigenschaft des Stils sei die Verständlichkeit durch einen ungekünstelten, „des Gesetzgebers würdigen Ausdruck"[62]. Schließlich spricht *Zeiller* noch von der Anpassung des Gesetzes an die besonderen Verhältnisse der Rechtsgemeinschaft.

6. Adaption des Gesetzes

Dies klingt an die Forderung *Montesquieus* an, der verlangt, daß die Gesetze dem Volk, für das sie geschaffen seien, so genau angepaßt sein müßten, daß es nur zufällig geschehen könne, daß sie auch einem anderen Volk entsprächen. Diese Abhängigkeit des Gesetzes ist im Grunde genommen von vorneherein ex natura gegeben, weil sie sich aus der selbstverständlichen Bezogenheit des Gesetzes auf eine bestimmte Rechtsgemeinschaft ergibt. Die Problematik liegt mehr in der Veränderung der Verhältnisse und der Anpassung des Gesetzesstoffes an die gewandelten politischen, wirtschaftlichen und sozialen Verhältnisse. Es ist offensichtlich, daß das Gesetz in einem ständigen Spannungsverhältnis steht zwischen dem Erfordernis gleichbleibender Regelung und Aufrechterhaltung der Rechtssicherheit einerseits und dem Bewegungszustande andererseits, in dem sich der ständige Fluß der Dinge befindet[63]. Grundsätze für eine solche Adaptierung lassen sich nicht aufstellen, da jedes einzelne Gesetz vom Wandel verschieden berührt wird.

Für jedes Gesetz stellt sich von vornherein die Frage, warum die Rechtsgenossen unter den Druck dieser Rechtsregel treten, gesondert. Jedem Gesetz ist deshalb auch seine Entstehungsgeschichte, soziale Aufgabe und Zielsetzung, mithin seine Normsituation, eigen. Gewiß kann man von einer *Adaption* des Gesetzes sprechen, wenn man zum Ausdruck bringen will, daß das Gesetz von einer Reihe von Umständen

---

[61] *F. v. Zeiller*, Grundsätze der Gesetzgebung (1806/09), Deutsches Rechtsdenken Heft 6, Frankfurt a. Main 1948.

[62] a.a.O. S. 12 ff.

[63] Vgl. *H. Eichler*, Das Wesen des Gesetzes (Phänomenologische Betrachtungen), Köln/Berlin 1959, S. 11.

abhängig und durch entsprechende Änderungen in Abhängigkeit zu halten ist. Jedoch ist die Notwendigkeit der Adaption kein Rechtsprinzip, sondern eine Frage sachgemäßer Gesetzespolitik. Auf der anderen Seite erheischt zudem das Erfordernis der Stabilität und Dauerhaftigkeit die unveränderte Aufrechterhaltung; aber auch diese Eigenschaft läßt sich nur im Rahmen einer natürlichen Fortentwicklung des Rechts verfechten. Vermittelnd hilft der Gedanke der *Spannweite des Gesetzes.* Als Beispiel mag das ABGB genannt werden, dessen Elastizität sich im Fortgang der Zeit immer wieder bewährt hat. Der *Gefahr der Kasuistik,* die das preußische Allgemeine Landrecht beherrscht, ist das österreichische Gesetzbuch entgangen. Vom Standpunkt der Gesetzestechnik her gesehen, ist gerade die Kasuistik diejenige Erscheinung, an welcher der Niedergang der Gesetzgebungskunst zuerst sichtbar wird. Hierauf hat besonders in letzter Zeit *Marcic*[64] hingewiesen, der der *Kunst der Gesetzgebung* umfangreiche Betrachtungen gewidmet hat, wie auch *Mannlicher*[65], der die Gesetzeslehren eines Franz von *Zeiller, Martini* und *Klein* fortsetzte.

7. Koordinierung der Gesetze

Für die Kunst der Gesetzgebung gelten Erfahrungssätze, die im Laufe der Zeit aus der uralten Schule der Gesetzgebung gewonnen worden sind. Das Wort deckt sich nicht völlig mit dem Begriff der Gesetzestechnik, soll doch mit ihm die höchste Stufe der Anforderung an den Gesetzgeber eingenommen werden, etwa in dem Sinne, daß das Gesetz als die beste Art derjenigen Normen zu gelten hat, deren Funktion die Regelung des Zusammenlebens der Menschen ist[66]. Im Grunde genommen ist hiermit gemeint, was *Feuerbach* unter dem philosophischen Gesetzesdenken verstanden hat.

Der Gesetzgeber hellt gleichsam den Hintergrund auf, auf dem sich die Phänomene des wirklichen Lebens abheben, indem er sie in die betreffenden Sach- und Lebenszusammenhänge hineinstellt. Diese Zusammenschau vollzieht sich unter rechtsnormativem Aspekt. Das Ganze ist immer wieder eine Wesensschau, die in der Lage ist, hinter diesen einzelnen Phänomenen „die aprioristische Eigengesetzlichkeit der Dinge, das Allgemeine, Grundsätzliche, Problematische, scharf zu sehen“[67].

---

[64] *R. Marcic,* Vom Gesetzesstaat zum Richterstaat (Recht als Maß der Macht/ Gedanken über den demokratischen Rechts- und Sozialstaat), Wien 1957, S. 231 ff.

[65] *E. Mannlicher,* Die Kunst der Gesetzgebung, „Der Staatsbürger“ vom 28. Februar 1956 und vom 13. März 1956. — Vgl. hierzu auch *H. Klang,* Rechtsprechung und Gesetzgebung, JBl. 1952, 1.

[66] *H. Krüger,* a.a.O. S. 286 f.

[67] *Marcic,* a.a.O. S. 236.

Schließlich wird der gesetzgeberische Subsumtionsvorgang von der Interdependenz der Gesetze bestimmt.

Die Gesetzessystematik wird vor allem insofern betroffen, als es in der Gesetzespraxis immer notwendig ist, ein zu schaffendes Gesetz mit den bereits vorhandenen Normen zu koordinieren, und zwar sowohl auf Grund des vorgegebenen Sachzusammenhanges als auch des institutionellen Gesetzeszusammenhanges. Diese zweifache Koordinierung der Gesetze ist namentlich im Bereich des Wirtschaftsrechts unter dem Gesichtspunkt des Systempluralismus gefordert worden.

Die Koordinierung bezieht sich auf eine Reihe von Fällen, die nicht erschöpfend aufgezählt werden können, so z. B. auf den Fall, daß mehrere Gesetze zugleich in verschiedenen Ressorts ausgearbeitet werden, so daß sich die Notwendigkeit der Abstimmung von Ressort zu Ressort ergibt, sowie auf den Fall, daß ein geplantes Gesetz von einem früheren, allgemeiner gehaltenen Gesetz der Sache nach bereits mitumfaßt ist; ferner auf den Fall, daß ein Gesetz zwar noch formell besteht, aber inhaltlich gegenstandslos geworden ist, sei es infolge des Wandels der Umstände oder durch ein anderes inzwischen erlassenes Gesetz, sodann auf den Fall, daß ein Gesetz mit der Verfassung unvereinbar ist oder daß die Ausführungsverordnungen mit der Ermächtigung unvereinbar sind; auch auf den Fall, daß eine Regelung unter dem Gesichtspunkt der Gleichheit auf einem anderen Lebensgebiet als einem schon behandelten erforderlich ist[68].

8. Kodifikation

Vom Standpunkt der Koordinierung her gesehen, schafft die *Kodifikation* eine gegenüber dem Einzelgesetz idealere Situation, insofern nämlich, als in der Regelung des rechtssystematischen Sachzusammenhanges Vollständigkeit in optimaler Weise erreichbar ist. Denn was den Gegenstand des Gesetzeswerkes ausmacht, z. B. des bürgerlichen Gesetzbuches oder des Strafgesetzbuches, wird im kodifizierten Rahmen gefunden, ausnahmsweise in Einzelgesetzen. Im Falle der Änderung der Kodifikation werden die neuen Bestimmungen systematisch eingefügt

[68] Vgl. zum letzteren BVerfGE. 11, 293. „Solange nicht feststeht, daß eine Bestimmung auch von ihrem eigenen System her nicht mehr sinnvoll ist, kann sie nicht durch ein Gericht mit Hilfe des Gleichheitssatzes im Hinblick auf andere Bestimmungen eliminiert werden, die anderen rechtlichen Ordnungsbereichen angehören und in anderen systematischen und sozialgeschichtlichen Zusammenhängen stehen. Die Evidenz des Verstoßes gegen den Gleichheitssatz, die für diese gerichtliche Entscheidung notwendig wäre, fehlt hier. Die Aufgabe, reformierend einzugreifen, muß dem Gesetzgeber überlassen bleiben."

In Österreich ist es wiederum *von Zeiller* gewesen, der von dem Gesetzgeber verlangte, daß er hauptsächliche Gegenstände nach ihren begrifflichen Merkmalen gruppiere, daß er in jeder dieser Ordnung Gleichartiges verbinde, Ungleichartiges trenne und im einzelnen die Vorschriften in eine ohne weiteres übersehbare Verbindung bringe[69]. Die Kodifikation dient nicht nur der Verschmelzung der auf theoretischem Wege gewonnenen Systematik mit dem Rechtsstoff, sondern auch der Überwindung von überholten Vorschriften, vor allem der Beseitigung der Rechtszerplitterung. Indes sind den Vorzügen der Kodifizierung auch Nachteile entgegengehalten worden[70], wie sie überhaupt keinem unverbrüchlichen Rechtsprinzip entspricht, weil es auch Rechtsordnungen gibt, die nicht auf dem Kodifikationsprinzip, sondern auf der Einzelfallentscheidung beruhen, wie in der Lehre von den Rechtssystemen noch zu zeigen sein wird.

Geschichtlich betrachtet weisen die Kodifikationen einen zeitbedingten Stil auf, weil sie aus bestimmten historischen Situationen und wissenschaftlichen Ansätzen hervorgegangen sind, etwa die Privatrechtskodifikationen um die Wende vom 18. zum 19. Jhd. Aber solche Konzeptionen schließen nicht aus, daß die Kodifikationen den Wandel der Verhältnisse überdauern, weil dann die Spannweite ihrer Normen entsprechende Anwendungen ermöglicht. Im Rahmen der kodifizierten Rechtsgebiete ist die Koordinierung der Normen durch ein festgelegtes Einteilungsprinzip vorgegeben, wohingegen von Einzelgesetz zu *Einzelgesetz* eine Verbindung herzustellen ist, die mitunter nicht offensichtlich ist.

Im übrigen steht die Koordinierungslehre erst am Anfang einer wissenschaftlichen Entwicklung, wie überhaupt die gesamte sogenannte Philosophie der Gesetzgebung. Sie besteht allerdings aus einer Reihe von Disziplinen, die ineinander übergehen. Es berühren sich in der Gesetzesphilosophie nämlich die Gesetzessoziologie, die Gesetzespolitik, die Gesetzestechnik, die Gesetzesphänomenologie, die Rechtsdogmatik und Rechtssystematik sowie nicht zuletzt die Rechtsphilosophie selbst und andere Disziplinen. Im Grunde genommen ist die Wissenschaft vom Gesetz eine Rechtsmaterie sui generis.

---

[69] a.a.O. S. 30.

[70] Vgl. hierzu *David - Grasmann*, a.a.O. S. 66.

D. Das Rechtssystem

I. Wissenschaftliches und gesetzgeberisches System

1. Sinndeutung des Systembegriffs

Vom System der Gesetze führt die Untersuchung über die Vorstellung einer Gesamtkodifikation des Privatrechts zum System des Rechts[1].

Der Begriff ist mehrdeutig, je nachdem, ob das von der Wissenschaft oder von dem Gesetzgeber entwickelte System vor Augen steht. Selbst diese beiden Ordnungen und Methoden sind wiederum verschiedener Sinndeutung fähig.

Im Rahmen der Wissenschaft läuft der Systembegriff entweder auf die Art und Weise des wissenschaftlichen Vorgehens hinaus, also auf die Methode oder auf eine Art von System, die den erreichten oder bestehenden Sachzusammenhang in sich begreift, der weniger durch die Ordnungsaufgabe des Wissenschafters als durch die gewonnenen Forschungsergebnisse wie eine gewachsene Ordnung von selbst entsteht[2].

Die Bildung des gesetzgeberischen Systems unterliegt, was näherer Ausführung nicht bedarf, anderen Gesichtspunkten und Erfordernissen als die wissenschaftliche Systematisierung. Freilich entwickeln sich beide in gegenseitiger Abhängigkeit und Befruchtung. Im einzelnen gilt es zu unterscheiden zwischen Gesetzen, insbesondere Kodifikatio-

[1] „Das ‚Rechtssystem' ist deshalb eine wesentliche Erkenntniskategorie, die uns anzeigt, daß die Differenzierung des Rechtsinhalts eine Folge eines unterschiedlichen Zusammenhangs und nicht ein Produkt eines Zufalls ist. So gibt es Fluß- und Gebirgssysteme, bei Lebewesen ein Nervensystem und in der geistigen Welt philosophische Systeme. Ein System ist identisch mit einer vorgegebenen oder ‚erdachten' Ordnung, in der die einzelnen Teile auf einem Grundsatz beruhen und einem Ziel dienen. Je nach dem Grad der Abstraktion wird von dem Rechtssystem des Code Napoléon des Zivilrechts, vom System des deutschen, sowjetischen oder sogar vom kommunistischen Rechtssystem gesprochen." (*A. Uschakow*, Die Reformen des Rechtssystems in Polen, ein Referat, gehalten auf einer Interdisziplinären Fachtagung der Deutschen Gesellschaft für Osteuropakunde — „Koordination und Differenzierung im europäischen Ostblock — v. 13.-15. Oktober 1966 in Heidelberg; zusammenfassende Wiedergabe der Länderreferate (neben Polen, DDR, Tschechoslowakei und Ungarn) in: Ist der Osten noch ein Block?, *G. Brunner*, Rechtsformen im Ostblock, Stuttgart, Berlin, Köln, Mainz 1967, S. 184—191).

[2] *P. Heck*, Begriffsbildung und Interessenjurisprudenz, redigiert von *R. Dubischar*, Berlin, Zürich, Bad Homburg v. d. Höhe 1967/68, S. 188 ff. Vgl. hierzu auch das Nachwort von *Esser*, a.a.O. S. 227; s. ferner die oben zitierten Arbeiten von *Larenz* u. a.

nen „mit einem weitgespannten, in sich dogmatisch schon aufgeladenen System“ und Gesetzen ohne solche Dynamik „dogmatisch aufgeladener Begriffe“[3]. Diese Differenzierung verlangt allerdings, die Beziehung der Rechtsbegriffe und Institutionen zum System näher zu bestimmen. Hierbei zeigt sich, daß nach einer groben Einteilung systemfreie und systembezogene Begriffe zu trennen sind. Zu letzterem gehört z. B. das Eigentum.

2. Der Systembegriff in der Rechtsvergleichung

Das Wort Rechtssystem hat aber im Zeitalter der Ausbreitung der rechtsvergleichenden Methode noch einen weiteren Sinn angenommen[4]. Der Gedanke, daß jede Rechtsgemeinschaft nach ihrem eigenen Recht lebt, hat dazu geführt, daß die Rechtsordnungen nach gewissen Prinzipien eingeteilt und auf einige Typen zurückgeführt worden sind. Solche Typen sind im rechtsvergleichenden Schrifttum ebenfalls als „Rechtssysteme“ bezeichnet worden, wenn auch diese Bezeichnung durch den Ausdruck „Rechtsfamilien“ mehr und mehr ersetzt worden ist, weil auch Normengruppen innerhalb einer einheitlichen Rechtsordnung als Rechtssysteme bezeichnet zu werden pflegen. *David* benennt z. B. die Normengruppe der equity und des common law ebenfalls als Rechtssysteme.

Nach *Arminjon - Nolde - Wolff*[5] ist „un système juridique“, „un groupement des personnes unies par un ensemble de règles juridiques qui ordonnent soit tous les éléments soit au moins les principaux éléments de leur vie sociale et souvent aussi par des institutions juridictionelles et administratives communes“. Diese Rechtsregeln und Einrichtungen müssen allerdings hinreichend vollständig und bedeutungsvoll sein, damit die Individuen, auf welche sie angewendet werden, unter sich durch eine Rechtsgemeinschaft verbunden sind. Nach dieser Definition machen nicht nur das Normengefüge, sondern auch die Gesamtheit der Einrichtungen im Bereich der Rechtsprechung und Verwaltung das Rechtssystem aus. Darüber hinaus wird es von einer Reihe von Imponderabilien, wie der Rechtstradition, Rechtsauffassung usw. geprägt, Werten, die oft mit dem Phänomen Rechtskultur abgedeckt werden.

---

[3] s. Nachwort von *Esser*, a.a.O. S. 227.

[4] Vgl. zu den Methoden der Rechtsvergleichung *Zweigert*, Méthodologie du droit comparé, Mélanges Maury Bd. 1, Paris 1960, S. 579 ff. Auszug davon in: Zur Methode der Rechtsvergleichung, Studium generale 13 (1960), S. 196. — *Lorenz*, Rechtsvergleichung als Methode zur Konkretisierung der allgemeinen Grundsätze des Rechts, JZ. 1962, S. 169 ff.

[5] *Arminjon - Nolde - Wolff*, Traité de droit comparé I, Paris 1950, S. 10 ff.

Aus diesen und ähnlichen Erläuterungen ergibt sich ein *räumlicher* und *zeitlicher* Gesetzeszusammenhang, denn die Verbundenheit der Rechtsnormen ist zunächst eine räumliche, da sie auf das Gebiet einer Rechtsgemeinschaft bezogen ist, von den Ausnahmefällen abgesehen, in denen das Rechtssystem an ein bestimmtes Gebiet nicht gebunden ist. Hinzu tritt ein zeitlicher Zusammenhang, der sich aus der Geltung und Verbindlichkeit der Rechtsnormen für einen bestimmten Zeitraum ergibt. Er wird durch den Zeitpunkt des Inkrafttretens und den der Aufhebung des Gesetzes bestimmt. Die raumzeitliche Verknüpfung der Gesetze und Einrichtungen schafft jedoch nur eine äußerliche Koexistenz, denn die notwendige *innere* Verbundenheit beruht auf dem Wirken des Rechts, insbesondere der leitenden Rechtsgrundsätze, und dem Zusammenhang der Institutionen innerhalb der Rechtsordnung.

II. Die Rechtskreislehre

1. Rechtsfamilien im rechtshistorischen Schrifttum

Nachdem wir versucht haben, den schillernden Begriff „Rechtssystem" zu analysieren, wenden wir uns nunmehr seiner Ausprägung im Begriff der Rechtsfamilie, wie sie im *rechtshistorischen* und *rechtsvergleichenden Schrifttum* aufgefaßt wird, zu. Hierbei ist allerdings die Betrachtungsweise verschieden, je nachdem, ob die historische Entwicklung der Rechtsfamilien zum Ansatzpunkt gewählt wird oder ihre Existenz im Rahmen der verschiedenen Rechtskreise unserer Zeit.

Der Schwerpunkt der historischen Betrachtung liegt vor allem in der Privatrechtsgeschichte der Neuzeit. Die Problematik wurzelt in der Rezeption fremder Rechte, vor allem des römischen Rechts. Insbesondere ist es *Koschaker* gewesen, der in dem Kapitel „Studium des römischen Rechts und Rezeption"[6] in den europäisch bestimmten und beeinflußten Kulturländern drei große Rechtsgebiete des Privatrechts voneinander getrennt hat.

Zu dieser Gliederung gelangt er auf der Grundlage von Untersuchungen über den verschiedenen Einfluß des römischen Rechts in den in Betracht kommenden Ländern. Die auf das römische Recht zurückgehende europäische Rechtswissenschaft hat die Pflege des heimischen Rechts befruchtet, auch unabhängig von dem Vorgang der Rezeption des römischen Rechts selbst. Eine solche Befruchtung fand z. Beispiel in Frankreich, aber auch in Deutschland und schließlich, wenngleich in erheblich

---

[6] *P. Koschaker*, Europa und das römische Recht, München und Berlin 1966, S. 124 ff.

geringerem Maße, in England statt[7]. Im gleichen Gedankengang führt er die Rezeption des Code civil im 19. Jahrhundert an, in der er ebenfalls mit Recht eine Aufnahme fremden Rechts von weltgeschichtlicher Bedeutung erblickt. Das französische Gesetzbuch, das von der Rezeption des römischen Rechts weniger als das deutsche berührt wurde, wird sodann als das Gesetzbuch der „lateinischen Rassen" bezeichnet, wohingegen das anglo-amerikanische Recht in seinen Wurzeln als rein germanisch angesehen wird[8].

Das Ergebnis ist die Einteilung in die drei großen Rechtsfamilien, nämlich die *anglo-amerikanische,* die *französische* und die *deutsche.*

Im Rahmen der Privatrechtsgeschichte der Neuzeit hat *Wieacker* die tief im System des römischen Privatrechts wurzelnde Lehre *Koschakers,* die aber auch dem deutschrechtlichen Einfluß vollauf gerecht wird, weitergebildet[9].

Es sind zwei große Rechtskreise, nämlich der *kontinentale* und der *angelsächsische,* die sich voneinander unabhängig zur Eigenart entfaltet haben. Die Verwandtschaft der kontinentalen Rechte stützt sich einerseits auf rechtswissenschaftliche Methoden und Ergebnisse, andererseits auf die Legislative und Jurisdiktion, und zwar auf der Grundlage verwandter Rechtseinrichtungen.

Demgegenüber steht die angelsächsische Rechts- und Justizkultur mit ihrer ununterbrochenen, eigentümlichen Tradition, insbesondere der Zurückhaltung gegenüber der Rezeption des römischen Rechts sowie gegenüber dem vernunftrechtlichen System des Privatrechts. Der Schwerpunkt ruht im case law, im Vorrang des Präjudizien- und Richterrechts vor dem Gesetzesrecht[10]. Daß sich der angelsächsische Rechtskreis einerseits durch Teilkodifikationen (consolidations), andererseits durch Zusammenfassung der Judikatur (restatements) in den USA dem kontinentalen System annähert, wird ebenso hervorgehoben, wie die besondere Entwicklungstendenz in den Vereinigten Staaten[11].

Innerhalb der kontinentalen Gruppe werden die *romanische* und die *mitteleuropäische* Rechtsfamilie eigenständig gestaltet. Hierbei wird der romanische Rechtskreis in etwa dem Ausbreitungsgebiet des Code civil

---

[7] a.a.O. S. 134.

[8] Vgl. *P. Koschaker,* a.a.O. S. 140.

[9] *F. Wieacker,* a.a.O. S. 496 ff.

[10] *Kyralfi,* The English Legal System, Cambridge/Mass. 1963. — *Friedmann,* Englisch and Continental Jurisprudence, Canadian BarRev. 20 (1942), 178 ff. — Vgl. hierzu *Radbruch,* The Anglo-American Jurisprudence through Continental Eyes, Law Quarterly Rev. 52 (1936), 930 ff.; Ders., Der Geist des englischen Rechts, Göttingen 1965. — *Rabel,* Deutsches und amerikanisches Recht, RabelsZ 16 (1951), 340 f. — *I. Zajtay,* Begriff, System und Präjudiz in den kontinentalen Rechten und im Common Law, AcP. 165 (1965), S. 97 ff.

[11] *Wieacker,* a.a.O. S. 499 ff.

gleichgesetzt. Als mitteleuropäische Familie erscheint der Geltungs- und Einflußbereich deutscher oder deutschsprachiger Kodifikationen. Außerdem werden zum kontinentalen Rechtskreis die skandinavische Rechtsfamilie und die russische Rechtsfamilie gerechnet.

2. Rechtsfamilien im rechtsvergleichenden Schrifttum

Im Bereich der Rechtsvergleichung schlug etwa um die Jahrhundertwende *Esmein*[12] eine fünfgliedrige Einteilung vor, indem er einen *romanischen, germanischen, angelsächsischen, slawischen* und *muselmanischen* Rechtskreis formte. Er vereinigte eine Reihe von Unterscheidungsmerkmalen wie die geschichtliche Entstehung, die allgemeine Struktur und die verschiedenartigen Züge jedes dieser Rechtssysteme. Infolgedessen bleibt der Schwerpunkt dieser Differenzierung offen.

Eine Beschränkung auf nur drei Rechtssysteme finden wir bei *Lévy-Ullmann*[13]. Hier tritt zunächst ein geographischer Einteilungsgesichtspunkt auf, indem von einem *kontinentalen* Recht gesprochen wird, neben welches das *englische* und *islamische* Recht gesetzt werden. Die letzte Familie unterscheidet sich von den beiden anderen durch ihre Herkunft aus göttlicher Emanation.

Gegenüber diesen groben Einteilungen differenzieren *Arminjon - Nolde - Wolff* sieben Rechtskreise. Ausgangspunkt des rechtsdogmatischen Vergleichs ist die fundamentale Gemeinschaft der gegenwärtigen Rechtskultur[14].

Die Rechtsentwicklung in dieser modernen Kultur hat im Laufe der Zeit eine gewisse Zahl von „centres de rayonnement juridique"[15] geschaffen, wo die Regeln und Einrichtungen des Rechts ausgearbeitet und systematisiert worden sind. Die anderen Rechtsordnungen hängen in sehr weitem Umfang von diesen Zentren ab, denn sie unterliegen der von diesen ausgehenden „attraction" und bilden mit ihnen eine Rechtsfamilie. Ein ähnlicher Grundgedanke trat bereits im mittelalterlichen Stadtrecht auf, daß nämlich eine Mutterrechtsstadt eine andere Stadt mit ihrem Recht bewidmete, woraus dann allmählich die Vorstellung von Stadtrechtskreisen erwuchs[16].

---

[12] *A. Esmein*, Le droit comparé et l'enseignement du droit, in congres international de droit comparé, Proces verbaux des séances et documents (1905), 445 (451 ff.).

[13] *Lévy - Ullmann*, Sur les communications relatives au droit privé dans les pays étrangers, in: Les transformations du droit dans les principaux pays depuis cinquante ans, t. I (1922), S. 81 (85 ff.).

[14] *Arminjon - Nolde - Wolff*, a.a.O. S. 47.

[15] Dies., a.a.O. S. 48.

[16] Vgl. hierzu *H. Planitz*, Die deutsche Stadt im Mittelalter, 2. Aufl., Graz/Köln 1965, S. 341. — Ders., Das Kölner Recht und seine Verbreitung in der

Die genannten Verfasser führen als Grund für die Ausstrahlung solcher Mutterrechte die Eroberung, Kolonisation und Nachahmung an. Allerdings hat die Verbreitung des Mutterrechts von Fall zu Fall verschiedene Intensitätsgrade angenommen. Am stärksten ist die Modellwirkung des französischen Code civil gewesen, da er einer sehr großen Zahl von Ländern als Vorbild der Kodifikation des Zivilrechts gedient hat. Besonderer Nachdruck wird darauf gelegt, daß die Länder, die einst der französischen Herrschaft unterworfen gewesen seien, selbst noch nach der Aufhebung des Regimes dem auf sie überkommenen französischen Recht mehr oder weniger treu geblieben seien, wenn auch unter späteren Veränderungen des früher rezipierten Rechts[17].

Im einzelnen werden folgende Rechtskreise gezogen: nämlich der *französische, germanische, skandinavische, englische, russische, islamische* und der *Hindu-Rechtskreis.*

Den Höhepunkt der Rechtskreislehre stellt die rechtsvergleichende Betrachtung *Davids* dar, die einerseits tief im rechtshistorischen Boden wurzelt, andererseits der Gegenwart gegenüber wirklichkeitsnahe ist. In seinem „Traité élémentaire de droit civil comparé“[18] unterschied *David* ursprünglich fünf Rechtssysteme, nämlich das *abendländische* System, das *sowjetische,* das *muselmanische,* das System der *Hindus* und jenes der *Chinesen.* Innerhalb der abendländischen Gruppe stellte er den französischen Kreis dem anglo-amerikanischen gegenüber. Als

---

späteren Kaiserzeit, ZRG (Germ. Abt.) 35, 1935, S. 131—168. — *H. Reincke,* Kölner, Lübecker und Hamburger Recht in ihren gegenseitigen Beziehungen, Hans. Gbl. 69, 1950, S. 14 ff.

[17] Die Vorbildlichkeit des Code civil betont besonders *Koschacker,* der den Code civil als eine der besten Privatrechtskodifikationen hinstellt. Aber nicht diese Vorbildlichkeit wird für die Ausbreitung als entscheidend erachtet, sondern der Umstand, daß der Code civil das Gesetzbuch des französischen „Empire“ war und daß dieses „juristische Imperium“, sowohl was die Bevölkerungszahl als auch die räumliche Ausdehnung angeht, das entsprechende Imperium Justinians beträchtlich überragt hat. — s. zu Reformbewegungen *A. Steinwenter,* Recht und Kultur, Graz/Köln 1958, S. 63.

Neuerdings erscheinen die „systèmes français“ wieder bei *Rodière* (Introduction au droit comparé, Barcelone 1967, S. 25 ff.). Er geht zunächst von der Zweiteilung in den kontinentalen Typ „civil law“ und in das „common law“ aus.

In diesem Zusammenhang spricht er sogar von einer Gruppe „franco-allemand“ ... „il apparaît que sur de très nombreux points, les différences qui séparent le droit français de la *Common Law* ne sont pas négligeables alors que les différences entre le droit français et le droit germanique par exemple sont minimes par rapport aux differences qui séparent le groupe franco-allemand du groupe de *Common Law*“ (a.a.O. S. 26). Umso erstaunlicher ist es, daß am Ende die Kombination „franco-allemand“ wieder aufgegeben wird zugunsten eines alleinigen französischen Rechtssystems (von dem sowjetischen Recht abgesehen), denn das Endergebnis lautet, „pour tenir compte de ces éléments, je proposerai donc de distinguer trois groupes des systèmes juridiques dans le monde christianisè: les systèmes français, de *Common Law* et soviétique“ (a.a.O. S. 27).

[18] *R. David,* Traité élémentaire de droit civil comparé, 1950, S. 222 ff.

entscheidende Kriterien für seinen Einteilungsmaßstab sah er damals die Verknüpfung des Rechts mit der eigentümlichen Zivilisation und die durch die verschiedenartige Religionszugehörigkeit bestimmte Einstellung zum Recht an. In seinem später erschienenen Werk „Die großen Rechtssysteme der Gegenwart" hält *David* lediglich zwei Gesichtspunkte für entscheidend: nämlich ein *gesetzestechnisches* und ein *ordnungspolitisches* Merkmal[19].

Unter den Rechtsfamilien der Gegenwart führt er als erste die *römisch-germanische* Familie an, die alle Länder umfasse, in denen sich die Rechtswissenschaft auf der Basis des römischen Rechts aufbaut. Sie verdanke ihre Bezeichnung der Gemeinsamkeit wissenschaftlicher Anstrengungen der Universitäten der „lateinischen und germanischen" Länder. Die verschiedenen Glieder dieser Familie sind heute durch dieselbe Auffassung über den „Vorrang des Gesetzes" verbunden[20], wenngleich gewisse Unterschiede der einzelnen Rechtsordnungen feststellbar sind. Sie beziehen sich namentlich auf die Nachprüfung der Verfassungsmäßigkeit der Gesetze, auf die Art und Weise der Kodifizierung und Interpretation der Gesetze. Im ganzen gesehen, bereitet indes die Bildung von Untergruppen innerhalb der römisch-germanischen Rechtsfamilie Schwierigkeiten. *David* lehnt es deshalb ab, etwa eine lateinische, germanische, italienische, griechische und skandinavische Untergruppe für charakterisierbar zu erachten[21]. „Viel wichtiger als die Unterschiede sind die Ähnlichkeiten, die zwischen den Rechtsordnungen bestehen. Das Gesetz scheint in den Ländern dieser Rechtsfamilie die gesamte Weite der Rechtsordnung zu umfassen. ... Das Gesetz bildet das Gerippe der Rechtsordnung, aber dieses Skelett muß durch zahlreiche andere Faktoren belebt werden. Das Gesetz darf nicht nur in seinem Wortlaut gesehen werden. Zu berücksichtigen sind daneben die Auslegungsmöglichkeiten, aus denen sich auch die rechtsschöpferische Kraft der Rechtsprechung und Rechtslehre ergibt. Die Gesetzbücher werden von den Juristen nur als Ausgangspunkt betrachtet, nicht als Ziel[22]."

Als zweite Rechtsfamilie figuriert die Gruppe des *common law*. Es wird als ein System von Präzedenzentscheidungen, die ursprünglich in

---

[19] In erster Hinsicht läßt er es darauf ankommen, ob ein Jurist, der seine Ausbildung im Hinblick auf eine bestimmte Rechtsordnung erhalten hat, sich auf der Grundlage dieser Erfahrung auch in einer anderen bestimmten Rechtsordnung zurechtzufinden vermöge; falls nicht, so sei ein Indiz dafür gegeben, daß die zwei Rechtsordnungen nicht zur gleichen Rechtsfamilie gehörten. Zum anderen könnten solche Rechtsordnungen dann nicht als zu einer Gruppe gehörig angesehen werden, selbst bei gleicher technischer Beschaffenheit, wenn die zugrunde liegenden Gesellschaftsordnungen divergierten (a.a.O. S. 19, 20).

[20] *David*, a.a.O. S. 126.

[21] a.a.O. S. 127.

[22] a.a.O. S. 127.

Jahrbüchern gesammelt wurden, aufgefaßt. Nach dem Charakter der Gerichtsentscheidungen wird die Rechtsfolge eines jeden Urteils als in Zukunft für andere gleichartige Fälle allgemeinverbindlich angesehen.

Als dritte Familie erscheint die Gruppe der *sozialistischen* Rechte. Sie nimmt ihren Ausgang von der Sowjetunion und der dort seit der Revolution von 1917 herrschenden Gesellschaftsordnung, die eine grundlegende Wandlung der Konzeption des Rechts innerhalb der in diese politische Anschauungsweise einbezogenen Staaten mit sich gebracht hat. Denn vor dieser Umschichtung war die Ähnlichkeit mit den römisch-germanischen Rechtsordnungen unverkennbar.

Als vierte Gruppe führt *David* die *philosophischen* und *religiösen* Systeme auf. Unter ihnen ist in der Praxis der Islam das wichtigste. Daneben steht das Recht der Hindus und als drittes religiöses System das jüdische Recht. Das kanonische Recht bleibt außerhalb dieses Rahmens, weil es im Gegensatz zum islamischen Recht kein geoffenbartes Recht ist, mit Ausnahme der Vorschriften über die Sakramente, ferner weil es nicht die Gesamtheit der menschlichen Rechtsbeziehungen regelt[23].

Unter den deutschen Rechtsvergleichern ist besonders *Zweigert*[24] hervorzuheben, weil er in die Lehre von den Rechtskreisen das Phänomen des *Rechtsstiles* eingeführt hat. Die Zielsetzung der rechtsvergleichenden Forschung müsse es sein, diese Rechtsstile in den Griff zu bekommen und in diesen stilbildenden Faktoren den Einteilungsmaßstab für die Zuordnung von Rechtsordnungen in Rechtskreise zu sehen. Neben dem sprachlichen Bereich und den bildenden Künsten hätten sich mittlerweile auch andere Wissenschaften dieses fruchtbaren Begriffs bedient[25], um an den verschiedensten Gegenständen ganze Inbegriffe von

---

[23] Eine interessante Klassifikation geht auf *Solá Cañizares*, Iniciación al derecho comparado, Barcelone 1954, zurück, der abendländische, sowjetische und religiöse Systeme unterscheidet. Ist der erste Rechtskreis vom christlichen Gedankengut bestimmt worden, so ist der sozialistische Rechtskreis vom antireligiösen und kollektivistischen Geist beseelt. Bei den religiösen Systemen hingegen, zu denen er das kanonische, muselmanische und Hindu-Recht zählt, leiten sich die Rechtsregeln von der Religion ab.

Ein anderer Versuch gruppiert nach Kulturkreisen. So teilt *Schnitzer* (Vergleichende Rechtslehre I, 2. Aufl., Basel 1961) die Rechtskreise ein in die der primitiven Völker, der antiken Kulturvölker des Mittelmeerbeckens, der römisch-germanischen Mischkultur sowie in die Rechtskreise der religiösen Rechte und des Fernen Ostens.

[24] *K. Zweigert*, Zur Lehre von den Rechtskreisen, in: Legal Essays in honour of *Hessel E. Yntema*, Leyden 1961, S. 42 ff.

[25] Im Bereich der Rechte hat der codex iuris canonici diesen Begriff verwendet in den Worten: „Si certa de re desit expressum praescriptum legis sive generalis sive particularis, norma sumenda est, nisi agatur de poenis applicandis, a legibus latis in similibus; a communi constatique sententia doctorum." (Can. 20)

Eigenheiten, die „wichtig" oder „wesentlich" seien, in einem Ganzen zusammenzufassen und sie gegen andere Ganzheiten abzugrenzen.

Bedeutungsvolle stilprägende Kriterien sollen hiernach sein:

1. die historische Herkunft,
2. eine spezifisch-juristische Denkweise,
3. besonders kennzeichnende Rechtsinstitute,
4. die Art der Rechtsquellen und ihre Auslegung,
5. ideologische Faktoren.

3. Römisch-germanischer Rechtskreis

Eine Stellungnahme zu den vorgetragenen Ansichten und Anschauungen ist mit den gleichen Schwierigkeiten behaftet, mit denen die gesamte Rechtskreislehre von jeher belastet gewesen ist. Nicht so sehr die Frage, *welcher* Gesichtspunkt für die Einteilung der Rechtssysteme maßgebend sein soll, führt zu Divergenzen, denn das ausgebreitete Material bietet in der Tat bei näherem Zusehen eine Fülle von Gliederungsmethoden, als vielmehr die zumeist übergangene Frage, ob es überhaupt einen allgemeingültigen Ansatz für eine Differenzierung aller Rechtssysteme der Welt geben kann oder ob ihre Eigenart einen Vergleich ausschließt.

Der Vergleichsmaßstab, der hierfür zugrunde gelegt werden könnte, müßte gleichsam zunächst abstrahiert werden, d. h. von allen Rechtsordnungen losgelöst aufgestellt werden, damit sich an ihm die Rechtssysteme messen und gegebenenfalls dann voneinander distanzieren können. Ein solcher Vergleichsmaßstab läßt sich aber nicht auf dogmatischem, sondern nur auf empirischem Wege ermitteln, indem den einzelnen Rechtsordnungen gewisse typische Erfahrungswerte abgewonnen werden. Die Auswahl unterliegt demzufolge keinem *rechtlich* bindenden Prinzip. Als weiteres Bedenken, das sich gegen die Rechtskreislehre erheben läßt, kommt hinzu, daß die zu untersuchenden Rechtsordnungen in aprioristischer Weise ausgewählt werden. Die Methode räumt den Mutterrechten der Rechtsfamilien von vornherein einen Vorrang vor den außer Betracht gelassenen Rechtsordnungen ein[25a]. Trotz dieser Einwände wird die Berechtigung der Rechtskreislehre von einer Reihe von Gründen getragen. Die hierbei auftretenden Meinungs-

---

[25a] Vgl. hierzu *Gutteridge,* Comparative Law, 2. Aufl., 1949, S. 74 (zit. bei U. Drobnig). — neuerdings: *U. Drobnig,* Methodenfragen der Rechtsvergleichung, in: Ius privatum gentium, Festschrift für Max Rheinstein, Tübingen 1969, S. 221—233. — s. auch *Ascarelli,* Studi di diritto comparato e in tema di interpretazione, 1952, S. 317. — *Rheinstein,* Comparative Law and Legal Systems: International Encyclopedia of the Social Sciences IX, 1968, S. 204—210, 210 (alle zit. nach U. Drobnig, a.a.O. S. 224, 225).

verschiedenheiten sind jedoch methodologisch betrachtet keine Divergenzen von Rechtsansichten im üblichen rechtsdogmatischen Sinn, sondern Abweichungen innerhalb *vergleichender rechtssoziologischer* Wertungen und Beurteilungen. Nur von diesem methodischen Standpunkt läßt sich die Rechtskreislehre halten. Allerdings ist ihr unter dieser Voraussetzung auch ein weiter Ermessensspielraum eingeräumt.

Deshalb empfiehlt es sich nicht, nach allgemeinverbindlichen Kriterien der in Rede stehenden Art zu suchen. Im Rahmen der dem Verhältnis von Gesetz und System gewidmeten Untersuchung verdient festgehalten zu werden, daß der Vergleich der Rechtsfamilien ursprünglich von den Rechtsquellen, besonders innerhalb der *römisch-germanischen Rechtsfamilie* von dem *Gesetz,* namentlich der Kodifikation, später auch von den *Rechtsgrundsätzen* und den juristischen Arbeitsmethoden, ausging. Im Laufe der Zeit wirkten politische und philosophische Einflüsse ein, die eigenartige Rechtskreisvorstellungen prägten.

Die Erkenntnis, daß eine Reihe von Faktoren bei alledem zusammenwirken, führte schließlich zu einer integrierenden Betrachtungsweise, die eine gesamtheitliche Beurteilung des Rechtssystems anstrebte. Auf diese Weise kam es zur Vorstellung eines Rechtsstiles und einer Rechtskultur. So vage diese Begriffe sein mögen, so eignen sie sich dennoch bis zu einem gewissen Grade zur Wertung und Abgrenzung der Rechtskreise, wie die gewonnenen Ergebnisse zeigen. Die Rechtskultur erschließt sich am ehesten von dem Einblick in die Rechtsentstehung und -anwendung, wie auch immer das Recht in einer Rechtsgemeinschaft wächst.

Von diesem Ausgangspunkt hat sich stets die Differenzierung zwischen *Gesetzesrecht* und Kodifikationen auf der einen Seite, dem *case law* oder Richterrecht auf der anderen Seite an die Spitze gestellt. Bei diesen Systemen liegen Typen verschiedener rechtlicher Denkungsart zugrunde, nämlich dort die strenge Begrifflichkeit und Systematik des Rechts, hier die Scheu vor der Systematisierung und die Hinwendung zum einzelnen Tatbestand und zur Gewohnheit, die sich aus kontinuierlicher Rechtsprechung ergibt. Ist der Richter in dem Bereiche des Gesetzesrechts gleichsam der verlängerte Arm des Gesetzgebers, so ist er im Bereich des englischen Fallrechts mehr der eigentliche Träger der Rechtsentwicklung. So trennen sich von vornherein das *System* der *klassischen Privatrechtskodifikationen* des „civil law" einerseits und das *System* des *anglo-amerikanischen Rechts* andererseits.

Auf den Gesetzbüchern beruht die Verwandtschaft der Rechtsordnungen jener Familie, die als *römisch-germanische* bezeichnet zu werden pflegt. Diese Verwandtschaft gründet sich auf die Tradition des

Gesetzesystems, d. h. auf die Übereinstimmung der Rechtsmaterialien des Privatrechts, die die Kodifikationen systematisch behandeln.

Die Bezeichnung „römisch-germanische" Rechtsfamilie hat sich zwar allgemein durchgesetzt, ist aber mehr der Vergangenheit und der Geschichte des Privatrechts als der Gegenwart und einem ihr zugewandten Rechtsvergleich zugedacht. Die gegenwärtige internationale Betrachtung des Zivilrechts tendiert zu der Konzeption eines europäischen Privatrechts, mag sie auch zur Zeit noch unscharf und unvollkommen sein.

Die Vorstellung eines *kontinentalen* Rechtskreises haftet nicht am *geographischen* Europabegriff. Denn es ist offensichtlich, daß das abendländische Privatrecht nicht auf den europäischen Kontinent beschränkt ist, weil dieses im Ursprung und Gestaltwandel europäische Privatrechtssystem auf andere Erdteile, besonders auf Mittel- und Südamerika übergreift[26].

In diesem Sinne läßt sich schlechthin von einem *europäischen* Stamm- oder Urkreis sprechen, der das Fundament des abendländischen Rechts bildet. Hierin kündigt sich die gegenwärtige „Einheit" des europäischen Privatrechts an, die mehr die Tendenz zu den Konvergenzen als zu den Divergenzen zum Ausdruck bringt. Von diesem Standpunkt aus verschlägt es nichts, daß der so verstandene europäische Rechtskreis als geistige Mitte der gesamten Rechtswelt derzeit in einigen Ländern Europas von Entwicklungen überdeckt wird, die zu eigenständigen Rechtsfamilien drängen.

4. Anglo-amerikanischer Rechtskreis

In erster Linie ist hierbei an den *anglo-amerikanischen* Rechtskreis gedacht, der in der gesamten rechtsvergleichenden Literatur als ein in sich geschlossenes, eigenständiges Rechtssystem erläutert wird. Hierbei ruht der Nachdruck auf dem Prinzip des Richterrechts. Der Gegensatz zu den kontinentalen Kodifikationssystemen wird stark betont.

Seit dem Ende des 19. Jhs. hat sich jedoch dieses Verhältnis von Rechtskreis zu Rechtskreis verschoben. Besonders auf dem Gebiete des Wirtschaftsrechts hat in England die Gesetzgebung um sich gegriffen. Noch mehr verstärkt sich die Tendenz zum Gesetz in den USA, wo das Gesetz stets mehr in den Vordergrund trat als in England. Umgekehrt vollzieht sich die Annäherung dadurch, daß in den kontinentalen Rechtsordnungen die Rechtsprechung zwar nicht ein „Richterrecht" im

---

[26] Treffend *A. B. Schwarz*, Das Schweizerische Zivilgesetzbuch in der ausländischen Rechtsentwicklung, Zürich 1950, S. 57 ff.

angelsächsischen Sinne schafft, aber in zunehmenden Maße das Recht durch Anpassung an die Bedürfnisse der Zeit fortbildet, besonders im Bereich der Interpretation der Generalklauseln.

Auch was die oft erörterte bindende Kraft der Präjudizien angeht, so ist mit Recht ausgeführt worden, daß die hier und dort bestehenden Verschiedenheiten die strenge Trennung der beiden Rechtskreise nicht rechtfertigen[27].

Das System der kontinentalen Rechtsordnungen geht auf die wissenschaftliche Rezeption des römischen Rechts und seine spätere Umbildung zurück. Damit wurden die überkommenen Rechtsbegriffe und Gliederungen, auch die methodischen Institutionen dauerhafte Bestandteile der kontinentalen Rechte, wohingegen das Common Law, das im wesentlichen von einem solchen — rezipierten — System unbeeinflußt blieb, seine begriffliche Prägung mehr auf pragmatischem Wege von Rechtsstreit zu Rechtsstreit, mithin im Gerichtsverfahren, erhielt.

Hierbei ging es nach dem Zweck der Prozesse nicht in erster Linie um die allgemeingültige Systematisierung, sondern um die Rechtsfindung im konkreten Fall[28]. Gleichwohl sind in den Gerichtsverfahren die dogmatischen Rechtsbegriffe im Hinblick auf den Sachverhalt und ihr Verhältnis zueinander bestimmt worden. Hierauf gründet sich die Verschiedenheit des Systemaufbaues. Eine weitere Differenzierung der beiden Rechtskreise geht über die Thematik „Gesetz und System“ hinaus.

Kraft seiner eigenartigen Ausprägung ist der anglo-amerikanische Rechtskreis aus den kontinentalen Rechten so sehr herausgenommen worden, daß die Verselbständigung den bestehen gebliebenen inneren Zusammenhang mit dem europäischen Mutterrechtskreis mitunter außer acht gelassen hat. Der anglo-amerikanische Rechtskreis lebt, namentlich im englischen Ursprungsgebiet, noch im europäischen Rechtsgeist, mag er sich auch zufolge seiner transatlantischen Expansion im nordamerikanischen Rechtsbereich eigenartig entfalten[29].

---

[27] *I. Zajtay*, AcP. 165 (1965), S. 106. — s. ferner *Schlesinger*, Comparative Law, 2. Aufl. 1959, S. 287 ff. mit weiteren Nachweisen.

[28] s. *I. Zajtay*, a.a.O. S. 108.

[29] Hieraus sind im Laufe der Zeit Verschiedenheiten zwischen dem englischen und amerikanischen Recht hervorgegangen, deren Gestalt noch immer im Flusse der Entwicklung ist (s. *Friedmann*, Legal Theory, 1949, S. 317 ff. — *Wengler*, Festschrift für Rabel I, 1954, S. 39 ff. — Zum privatrechtsgeschichtlichen Zusammenhang s. *Wieacker*, a.a.O. S. 498). Die Unterschiede beziehen sich unter anderem auf das Verhältnis des Richters zu den Präjudizien und zum Gesetz. Ist die Auslegung der Gesetze in England noch sehr an die Methode der Wortinterpretation gebunden, so setzt sich in der amerikanischen Judikatur in dieser Hinsicht eine freie Handhabung durch (neuerdings: *Bodenheimer*, AcP. 160, S. 11 ff., mit Angabe des amerikanischen Schrifttums). Sicherlich hängt dies mit der stärkeren Ausbreitung des Gesetzesrechts in den

5. Ibero-amerikanischer Rechtskreis

Wie sich das englische Recht auf andere Kontinente, besonders auf Nordamerika ausbreitete, so griffen auch das spanische und portugiesische Recht auf andere Erdteile über, insbesondere auf Mittel- und Südamerika. Trotz den Verschiedenheiten der Rechtssysteme, die in dem angelsächsischen und iberischen Mutterland herrschen, weisen die transatlantischen Expansionsprozesse Ähnlichkeiten auf[29a]. Es erscheint daher gerechtfertigt, dem anglo-amerikanischen, europäischen Ausstrahlungsbereich den *ibero-amerikanischen* an die Seite zu stellen. Die letztgenannte Rechtsfamilie ist allerdings bisher nur wenig zu geschlossener Eigenart gebracht worden, ist sie doch im allgemeinen nur als Untergruppe der romanischen, lateinischen oder französischen Gruppe behandelt worden, und zwar ohne eigenständige Prägung. Die Tendenz geht indes, vor allem in dem spanischen Schrifttum[30], dahin, die Rechtssysteme iberischen Ursprungs gesondert von denen „de tipo latino", d. h. von dem französischen und italienischen Rechtssystem, zu einer *einheitlichen* Rechtskultur zusammenzufassen. Auch die Vorstellung einer „kontinental-europäisch-lateinamerikanischen Rechtswelt", die sich vom anglo-amerikanischen Recht abhebt, verläuft in die gleiche Richtung[31, 32].

Der Grundgedanke ist, daß die ibero-amerikanischen Rechtsordnungen, wiewohl sie zum „sistema romanista" und „grupo latino" gehören, dennoch nicht nur „latinos", sondern überdies auch „latinoamericanos" sind. Hierin unterscheiden sie sich wesensgemäß von dem französischen Recht und den sonstigen lateinischen Rechten Europas. Die rechtshistorische Untersuchung, auf welchem Wege die ibero-amerikanischen Ordnungen in die europäisch lateinische Gruppe einbezogen worden sind,

---

Vereinigten Staaten zusammen. Schon seit der Unabhängigkeitserklärung ist das Gesetz dort mehr als in England als Rechtsquelle hervorgetreten (s. hierzu besonders *David - Grasmann,* a.a.O. S. 443, die die Struktur des Rechts der USA eingehend erörtern). Gerade diese Entwicklung aber gleicht den angloamerikanischen Rechtskreis an den europäischen mehr und mehr an, wie bereits angedeutet wurde.

29a *Phanor J. Eder,* A comparative Survey of Anglo-American and Latein-American Law, New York 1950.

30 s. besonders *J. C. Tobeñas,* Los systemas juridicos contemporaneos del mundo occidental, Madrid 1957; englisch in Comperative Juridical Review, Rainfort foundation 1964; *A. Agundez,* in: „Estudios de Derecho civil", en honor del Prof. Castan Tobeñas I, Pamplona 1969, S. 1. — *H. Eichler,* Die Rechtskreise der Erde, in: „Estudios de Derecho civil", en honor del Prof. Castan Tobeñas I, Pamplona 1969, S. 291.

31 s. *Schnitzer,* a.a.O. S. 140.

32 s. neuerdings Rechtsentwicklung *A. de Fuenmayor,* La interpretación comparativa del Codigó y de las compilaciónes civiles, in: Estudios de Derecho civil" IV, Pamplona 1969, S. 379 ff.; — *M. Fraga Iribarne,* General Introduction to Spanish Law, Madrid 1967, S. 13.

konzentriert sich nicht mehr so sehr auf den Einfluß des französischen Rechts, sondern auf die Verpflanzung des „Derecho castellano" als der gemeinsamen Grundlage der ibero-amerikanischen Rechtsordnungen auf den anderen Kontinent.

Das übernommene Recht paßte sich weithin den Gegebenheiten der Neuen Welt an, genügte aber vielfach nicht den Bedürfnissen der einheimischen Bevölkerung, die sich deshalb genötigt sah, neues Recht zu setzen. Beide Entwicklungen wurden in der Folgezeit von der spanischen Rechtsdoktrin, wie sie sich aus der eingeführten Rechtsliteratur darbot, entscheidend beeinflußt. Die Entdeckungen und Eroberungen waren noch nicht beendigt, als schon die spanische Rechtswissenschaft und mit ihr die des römischen und kanonischen Rechts eindrangen. Man hat gesagt, es sei damals nicht ein Kontinent entdeckt worden, sondern ein Weg, „por el que la Flecha de la Evolución Cultural llegó a América desde la cuna del Mediterráneo, siguiendo la trayectoria que cruza Israel, Fenicia, la Hélade, Roma y España. Cabe añadir, como vemos, que por ese Camino llegó también, con la Cultura, el Derecho; es decir, las grandes creaciones jurídicas romanas, las concepciones de la Iglesia sobre el Derecho natural, las normas civiles y penales del Derecho castellano, la técnica jurídica europea y la doctrina más avanzada de la época. De este modo, cuando pueblos ahora muy desarrollados no existían todavía, la América española estaba ya heredando la tradición jurídica occidental"[33].

Was die Anwendung des Rechts angeht, so förderte die Einrichtung der „Audiencias", von denen die erste 1511 in Santo Domingo, die zweite 1527 in Mexiko gegründet wurde, die den Ländern des Halbkontinents gemeinsame Rechtstradition. Diese verstärkte sich noch durch die Kodifikationen, die die amerikanischen Provinzen im Zuge der Erlangung ihrer Unabhängigkeit schufen. Unter diesen Gesetzbüchern bedeuten die Códigos civiles von Chile[34], Argentinien[35] und Brasilien[36] die drei großen legislativen Monumente Iberoamerikas jener

---

[33] *J. M. Castán Vázquez,* Sistema de Derecho Iberoamericano, in: Estudios de Derecho civil, en honor del Prof. Castan Tobeñas VI, S. 168—169, der in Anm. 29 auf *T. Luca de Tena,* Los mil y un descubrimientos de América y otros ensayos, Ediciones de la Revista de Occidente, Madrid 1968, pp. 96—97, Bezug nimmt. Die Hauptquellen waren die Register. s. hierzu die bei Vázquez (S. 167, Anm. 26) angeführte Abhandlung von *F. de Castro y Bravo.*

[34] *Andrés Bello.*

[35] *Dalmacio Vélez Sarsfield.* Der argentinische Código civil von 1869 beruht in mancher Hinsicht auf dem Vorbild des chilenischen Código civil von 1855. Außer der französischen Dogmatik berücksichtigt er auch die deutsche romanistische Doktrin (Savigny). Das System ist trotz gewisser Ähnlichkeit mit dem 4-Bücher-System des spanischen Rechts eigenständig.

[36] *Freitas.*

Epoche. Der Einfluß des französischen und spanischen Rechts steht hier außer Frage, aber es bedarf noch eingehender rechtsvergleichender Untersuchungen darüber, welche sonstigen europäischen Rechtselemente in die ibero-amerikanischen Kodifikationen damals Eingang fanden und wie diese Gesetzbücher entwicklungsgeschichtlich voneinander abhängen.

Auf dem Gebiete der Rechtsanwendung läßt sich weithin eine Übereinstimmung auf dem Kontinent feststellen. Von vornherein decken sich die juristische Terminologie und Rechtstechnik. Zur Illustration dient — im Sinne des von *David* aufgestellten Kriteriums —, daß der Dialog zweier ibero-amerikanischer Juristen verschiedener Länder über Rechtsfragen keine Schwierigkeiten bereitet, was in gleicher Weise für die Verständigung zwischen spanischen und ibero-amerikanischen Juristen gilt.

Damit ist zugleich angedeutet, daß die Rechtsfamilie des Halbkontinents nicht isoliert lebt, sondern als Komponente des „mundo hispánico". Wie einst die Emanzipation nicht die Gemeinsamkeit des Rechts zwischen dem Mutterland und den amerikanischen Völkern aufgehoben hatte, so bleibt dieser Zusammenhang auch von der gegenwärtig wirksamen Tendenz unberührt, die auf eine kontinentale Integration im Sinne einer „unidad hispanoamericana" zielt. Was noch aussteht, ist die Ableitung der verbindenden Rechtselemente des gesamten Kulturkreises, der von Kontinent zu Kontinent reicht.

Vom Standpunkt einer Gegenwartsanschauung verengt sich hiernach der von privatrechtsgeschichtlicher Sicht gewonnene Ausstrahlungsbereich des système-français. Dies wird noch durch den Werdegang bestätigt, den die Zivilrechtsgesetzgebung in Italien im Laufe des 19. und 20. Jhs. genommen hat. War noch der Codice civile von 1865 dem Code civil nachgebildet, so strebt demgegenüber der italienische Codice civile von 1942 eine gewisse Unabhängigkeit von dem Vorbild des französischen Zivilgesetzbuches an[37].

6. Osteuropäischer Rechtskreis

a) Verselbständigung und Vergleichbarkeit

Im Rahmen der Privatrechtsgeschichte der Neuzeit figurieren die europäischen Bundesstaaten der Sowjetunion als russische oder osteuropäische Rechtsfamilie des kontinentalen Rechtskreises[38], wenn auch eingeräumt wird, daß der Eindruck der Distanz der sozialistischen Rechts-

---

[37] So *Wieacker*, a.a.O. S. 502.

[38] *Wieacker*, a.a.O. S. 505 ff.

ordnungen von den übrigen Rechtssystemen für die Zukunft bestimmend sein wird.

Dieser bedeutsamen Einschränkung wird die im rechtsvergleichenden Schrifttum vorgenommene Verselbständigung des sowjetrussischen Rechtskreises gerecht. Das Recht Sowjetrusslands und der Volksrepubliken wird mit zutreffender Begründung von der römisch-germanischen Rechtsfamilie, der das vorrevolutionäre, russische Recht auf Grund seiner Denkweise noch angehörte, ausgenommen[39]. Diese Abspaltung entspricht auch dem Standpunkt der Juristen der Oststaaten, die darüber hinaus sogar von der Unvergleichbarkeit des Rechtssystems der UdSSR mit dem der „kapitalistischen Länder" ausgehen. Dem liegt die Auffassung zugrunde, daß den rechtlichen Begriffen und Normen ein ökonomischer Inhalt entspreche, der sich seinem Wesen nach dem Vergleich entziehe. Dies ist jedoch übertrieben, weil auch in den „kapitalistischen" Ländern ausreichende, wissenschaftliche Möglichkeiten gegeben sind, die Rechtsinstitute der in Betracht kommenden osteuropäischen Rechte in ihrem Zusammenhang mit den politischen, wirtschaftlichen und sozialen Gegebenheiten zu erfahren und zu verstehen[40].

b) Systembezogene und systemneutrale Begriffe

Eine Auseinandersetzung mit dem sozialistischen Gesellschaftssystem ist nur insofern erforderlich, als es die Stellung des Untersuchungsgegenstandes in der Rechts- und Gesellschaftsordnung erheischt. Hierbei kommt die früher angedeutete Unterscheidung zwischen systembezogenen und systemneutralen Begriffen zum Tragen. Die Rechtseinrichtungen des Eigentums und des Vertrages sind hervorragende Beispiele der erstgenannten Kategorie, das Prozeß- und Straßenverkehrsrecht Beispiele der anderen[41].

Im einzelnen ist diese Einteilung nicht weiter zu verfolgen, weil im Vordergrund des Interesses das Zivilrechtssystem als Ganzes steht, weniger der Vergleich der Rechtsbegriffe[42]. Dennoch sind diejenigen zivilrechtlichen Grundbegriffe, die das *System tragen*, insbesondere das Eigentumsrecht, in den Systemvergleich, wenigstens rechtsgrundsätzlich einzubeziehen.

---

[39] Statt aller *David - Grasmann*, a.a.O. S. 72. — s. hierzu die Besprechung von *H. Slapnicka*, Österr. Osthefte 1968, S. 373.

[40] Grundsätzlich hierzu: *O. W. Jacobs*, Zur Methodik der Zivilrechtsvergleichung, Osteuropa-Recht 1963, S. 108 ff. — *D. A. Loeber*, Rechtsvergleichung zwischen Ländern mit verschiedener Wirtschaftsordnung, RabelsZ. 1961, S. 201 ff., und die dort zitierten Abh. von *Romaškin, Flejšic, Maj* u. a.

[41] *D. A. Loeber*, a.a.O. S. 226.

[42] s. *Jacobs*, a.a.O. S. 117. — *Loeber*, a.a.O. S. 226. — Zur Bedeutung der Soziologie hier: *U. Drobnig*, Rechtsvergleichung und Rechtssoziologie, RabelsZ. 1953, S. 294 ff.

Hierbei ist der Blick nicht so sehr auf den *juristischen* Eigentumsbegriff als solchen gerichtet, der im Grunde genommen für jede entwickelte Rechtsordnung gültig ist[43] — sofern er sich auf die Zuordnung der Sache zu einer Person und die dadurch bewirkte Zugehörigkeit im Rechtssinne beschränkt —, als vielmehr auf die *positivrechtliche Gestaltung einer solchen Zuordnung und des Inhaltes des Eigentumsrechts durch die vorgegebene gesellschaftliche Ordnung der Dinge.* Auszugehen ist von der Dreiteilung des Eigentums in der marxistischen Ideologie und der sowjetischen politischen Ökonomie sowie der hierauf beruhenden sowjetischen Eigentumsordnung[44]. Die in der sowjetischen Verfassung von 1936 erfolgte Aufgliederung des Eigentumsrechts in staatliches, genossenschaftliches und persönliches Eigentum ist in die am 1. Mai 1962 unionseinheitlich in Kraft getretenen „Grundlagen der Zivilgesetzgebung" der UdSSR und der Unionsrepubliken übergegangen. Hierauf fußt die Eigentumsordnung des Zivilgesetzbuches der RSFSR vom 1. Oktober 1964 (Art. 93 ff.)[45].

---

[43] Mit trefflicher Begründung: *O. W. Jacobs,* Eigentumsbegriff und Eigentumssystem, Köln—Graz 1965, S. 44 ff. — s. auch das Vorwort zu dieser Abhandlung von *Raiser* sowie diesen selbst, Das Eigentum als Rechtsbegriff in den Rechten West- und Osteuropas, RabelsZ. 1961, S. 230 ff. — s. ferner *Kroemer,* Die Sozialisierung in der Sowjetischen Besatzungszone Deutschlands als Rechtsproblem, Göttingen 1952. — *Lapenna,* Die Rechtsnatur des gesellschaftlichen Eigentums in Jugoslawien, Osteuropa-Recht 1962, S. 217 ff. — *Thomson,* Das persönliche Eigentum im Sowjetrecht, in: „Das Eigentum im Ostblock", Berlin 1958.

[44] Aus dem russischen Schrifttum: (alle zit. nach *Jacobs,* a.a.O. S. 302 ff.) *Kolganov,* Sobstvennost' v socialističeskom obščestve (Das Eigentum in der sozialistischen Gesellschaft), Moskva 1953. — *Koševel,* Obščestvennaja sobstvennost' na sredstva proizvodstva — osnova socialističeskich proizvodstvennych otnošenij (Das gesellschaftliche Eigentum an den Produktionsmitteln ist die Grundlage der sozialistischen Produktionsverhältnisse), „Voprosy ekonomiki" („Fragen der Wirtschaft") 1955 Nr. 3 S. 15 ff. — *Mikolenko,* Pravo kooperativnoj sobstvennosti v SSSR (Das Recht des genossenschaftlichen Eigentums in der UdSSR), Moskva 1961. — *Bratus',* Predmet i sistema sovetskogo graždanskogo prava (Gegenstand und System des sowjetischen Zivilrechts), Moskva 1963. — *Genkin,* Pravo sobstvennosti v SSSR (Das Eigentumsrecht in der UdSSR), Band I, Moskva 1961. — *Jeremejev,* Pravo ličnoj sobstvennosti v SSSR (Das Recht des persönlichen Eigentums in der UdSSR), Moskva 1958.

[45] Art. 93 *Sozialistisches und persönliches Eigentum*
Sozialistisches Eigentum ist: das Staatseigentum (Volkseigentum); das Eigentum der Kolchosen und sonstiger genossenschaftlicher Organisationen und ihrer Vereinigungen; das Eigentum der gesellschaftlichen Organisationen.
Das persönliche Eigentum dient als eines der Mittel, die Bedürfnisse der Bürger zu befriedigen.
Art. 94 *Der Staat als Alleineigentümer des Staatsvermögens*
Alleiniger Eigentümer des gesamten staatlichen Vermögens ist der Staat.
Das den staatlichen Organisationen zugewiesene staatliche Vermögen wird von diesen operativ verwaltet; sie üben — innerhalb der vom Gesetz bestimmten Schranken und in Übereinstimmung mit den Zielen ihrer Tätigkeit, den Planaufgaben und der Zweckbestimmung des Vermögens — das Besitz-, Nutzungs- und Verfügungsrecht aus.
Art. 95 *Gegenstände des Staatseigentums*
Im Eigentum des Staates befinden sich: der Boden und seine Schätze, die

c) *Das sozialistische Eigentum*

Es überlagern sich: der sozialökonomische Eigentumsbegriff, wie er in der sowjetischen Wirtschafts- und Rechtswissenschaft als Unterbau entwickelt ist, das Eigentumssystem im sowjetischen positiven Recht als Überbau, sodann das System des „Zivilrechts", schließlich das Rechtssystem als gesamtheitliche Rechtsordnung. Dieser Zusammenhang geht aus den „Grundlagen der Zivilgesetzgebung" hervor, wonach das Fundament der „Vermögensverhältnisse" das sozialistische *Wirtschaftssystem* und das sozialistische Eigentum an den Produktionsmitteln und -instrumenten bilden[46].

Gewässer und Wälder, die Werke, Fabriken, Schächte und Bergwerke, die Kraftwerke, der Schienen-, Wasser-, Luft- und Kraftverkehr, die Banken, das Post- und Fernmeldewesen, die vom Staat organisierten landwirtschaftlichen, Handels-, Kommunal- und andere Betriebe, ferner der Grundfonds an Wohnhäusern in den Städten und Siedlungen städtischen Typs. Im Eigentum des Staates kann sich auch jedes andere Vermögen befinden.

Der Boden und seine Schätze, die Gewässer und Wälder sind ausschließlich Eigentum des Staates und können nur zur Nutzung überlassen werden.

Art. 99 *Inhalt des genossenschaftlichen Eigentums*

Die Kolchosen, andere genossenschaftlichen Organisationen und ihre Vereinigungen besitzen, nutzen und verfügen über das ihnen zu Eigentum gehörende Vermögen in Übereinstimmung mit ihren Statuten (Ordnungen).

Das Recht, über Vermögensgegenstände zu verfügen, die das Eigentum der Kolchosen, anderer genossenschaftlicher Organisationen und ihrer Vereinigungen bilden, steht allein den Eigentümern selbst zu.

Art. 100 *Gegenstände des genossenschaftlichen Eigentums*

Im Eigentum der Kolchosen und sonstiger genossenschaftlicher Organisationen und ihrer Vereinigungen befinden sich: ihre Betriebe, ihre kulturellen und sozialen Einrichtungen, ihre Gebäude und Anlagen, Traktoren, Mähdrescher und sonstige Maschinen, Transportmittel, Zug- und Nutzvieh, die Erzeugnisse ihrer Produktion und sonstiges Vermögen, das den Zielen der Tätigkeit dieser Organisationen entspricht.

Art. 102 *Inhalt des gesellschaftlichen Eigentums*

Gewerkschafts- und sonstige gesellschaftliche Organisationen besitzen, nutzen und verfügen über das ihnen zu Eigentum gehörende Vermögen in Übereinstimmung mit ihren Statuten (Ordnungen).

Das Recht, über Vermögensgegenstände zu verfügen, die das Eigentum der Gewerkschafts- und sonstigen gesellschaftlichen Organisationen bilden, steht allein den Eigentümern selbst zu.

Art. 103 *Gegenstände des gesellschaftlichen Eigentums*

Im Eigentum der Gewerkschafts- und sonstiger gesellschaftlicher Organisationen befinden sich: ihre Betriebe, Gebäude, Anlagen, Sanatorien, Erholungsheime, Kulturpaläste, Klubs, Stadien und Pionierlager nebst Ausrüstung, ihre Kultur- und Bildungsfonds sowie sonstiges Vermögen, das den Zielen der Tätigkeit dieser Organisation entspricht.

Art. 105 *Gegenstände des persönlichen Eigentums*

Im persönlichen Eigentum der Bürger kann sich Vermögen befinden, das zur Befriedigung ihrer materiellen und kulturellen Bedürfnisse bestimmt ist.

Jeder Bürger kann persönliches Eigentum haben an Arbeitseinkünften und Ersparnissen, einem Wohnhaus (oder einem Teil desselben) und einer häuslichen Nebenwirtschaft, an Hauswirtschafts- und Haushaltungsgegenständen sowie an Gegenständen des persönlichen Bedarfs und Komforts.

Vermögen im persönlichen Eigentum der Bürger darf nicht zur Gewinnung arbeitslosen Einkommens verwandt werden.

[46] Art. 1 II.

Das „zivilrechtliche“ Eigentumssystem ist somit bereits rahmengesetzlich bindend vorbestimmt. Dies gilt auch für die Verwaltung des Eigentums nach dem Wirtschaftsplan.

Die Systematik der Eigentumsarten gründet sich auf eine persönliche und sachliche Zuordnung.

Die Eigentumssubjekte sind nach der „Gesellschaftlichkeit“[47] der Rechtsträger abgestuft: der Staat ist der Inhaber der höchsten Form des sozialistischen Eigentums, dem die genossenschaftlichen bzw. gesellschaftlichen Organisationen nachgeordnet sind.

Die Eigentumsobjekte sind den Eigentums*subjekten* nach funktionellen Gesichtspunkten zugeteilt, und zwar vom *Produktionszweck* her gesehen, denn die *Produktionsmittel* stehen nach dem sozialistischen Prinzip der Vermögensverteilung nicht im Eigentum des Individuums, das sich auf *Konsumgüter* beschränkt. Zudem räumt die Klassifizierung der Subjekte der Eigentumsarten dem Staat als Hauptträger des sozialistischen Eigentums den Vorrang vor allen anderen, insbesondere vor den Trägern des persönlichen Eigentums, ein, wodurch der Rechtsbereich, der mit der Privateigentumsordnung westlicher Prägung verglichen werden könnte, subordiniert erscheint. Dieses um so mehr, als sich das persönliche Eigentum des Sowjetbürgers von der vorherrschenden Rechtsform ableitet[48]. Hinzu kommt, daß sich im Eigentum des Staates auch andere als im Artikel 95 I ZG des Zivilgesetzbuches aufgeführte Gegenstände befinden können.

In dem skizzierten Eigentumssystem bestimmt sich der Inhalt der Befugnisse des Eigentümers danach, welcher Gruppe der Berechtigte angehört und wie beschaffen der Gegenstand der besonderen Eigentumsart ist. Im einzelnen ist an dieser Stelle hierauf nicht einzugehen.

Von einer für die Thematik prinzipiellen Bedeutung ist die Erläuterung des rechtlichen Inhaltes des Staatseigentums, weil an dem Ergebnis offenbar wird, daß die Unterscheidung zwischen öffentlichem Recht und Privatrecht an diesem Institut zerbricht, wie denn überhaupt das Eigentumsrecht nach sowjetischer Rechtsauffassung nicht nur ein Institut des Zivilrechts ist[49]. Hierüber darf der Umstand, daß das staatliche Eigentum im „Zivilgesetzbuch“ geregelt ist, nicht hinwegtäuschen, denn die Kodifikation greift ohnehin in das „öffentliche“ Recht über.

---

[47] *Jacobs*, a.a.O. S. 68.

[48] *Kolganov*, a.a.O. S. 284. — *Chalfina*, Pravo ličnoj sobstvennosti graždan SSSR (Das Recht des persönlichen Eigentums der Bürger der UdSSR), Moskau 1955, S. 11 (zit. nach *Jacobs*, a.a.O. S. 59). — s. *Pfuhl*, Begriff und Stellung des Eigentums in der Sowjetunion, in: „Das Eigentum im Ostblock“, Berlin 1958, S. 51 ff.

[49] *Genkin*, a.a.O. S. 109.

Das sozialistische Eigentum des Staates und der Kollektivwirtschaften an den Produktionsmitteln ist zufolge seiner Zweckbindung, die jede planwidrige Verwendung und Veräußerung untersagt, mitunter dem „öffentlichen" Eigentum (domaine public) nahegebracht worden[50], wie es im westeuropäischen Schrifttum konzipiert wird. Der Vergleich hinkt.

Das Recht des Staates am Grund und Boden und an den Bodenschätzen wird mitunter sogar überhaupt aus dem Eigentumsbegriff herausgenommen[51]. Andererseits fehlt es nicht an Stimmen, die das staatliche, sozialistische Eigentum ohne weiteres auf die Stufe des Privateigentums stellen[52]. Die Verknüpfung der Eigentümerposition mit hoheitlichen Machtmitteln wird nach dieser Auffassung in den Herrschaftsbereich der „Parteidiktatur" verwiesen[53]. Dies deckt sich in etwa mit der Anschauung, daß der Inhalt des sowjetischen Eigentumsrechts „genau dem orthodoxen westeuropäischen Eigentumsbegriff" entspreche[54], weil sich an der juristischen Konstruktion „unter der Herrschaft des sozialistischen Rechts" nichts geändert habe[55]. Selbst die aus dem Eigentumsrecht abgeleiteten sachenrechtlichen Formen, besonders die Verfügungs- und Erwerbsarten, werden hier und dort gleichgestellt[56].

In der russischen Rechtsliteratur gehen die Ansichten darüber, ob die Rechtsbegriffe des Art. 92 des Zivilgesetzbuches, wonach der Eigentümer innerhalb der vom Gesetz bestimmten Schranken befugt ist, seine Sachen zu besitzen, zu nutzen und darüber zu verfügen, auf den Inhalt des Staatseigentums Anwendung finden, auseinander[57]. Die Tendenz ist aber, jene eigentumsrechtlichen Befugnisse auf die Handhabung der staatlichen Vermögensverwaltung sinngemäß zu übertragen und unter den Einfluß des Staats- und Verwaltungsrechts zu stellen. Dadurch wachsen die Eigentümermacht nach Zivilrecht und die Hoheitsmacht nach Staatsrecht derart zusammen, daß das Verfügungsrecht des Staates über die Gegenstände des Eigentums — unbeschadet der fortbestehenden zivilrechtlichen Ausübung durch rechtsgeschäftliche Betätigung

---

[50] *L. Raiser*, a.a.O. S. 236.

[51] *L. Raiser*, a.a.O. S. 236.

[52] bspw. *D. Pfaff*, Das sozialistische Eigentum in der Sowjetunion, Köln 1965, S. 65.

[53] *D. Pfaff*, a.a.O. S. 67.

[54] *S. Braga*, Das sowjetische Zivilrecht und das Europäische Privatrecht, in: Jahrbuch für Ostrecht 1960, S. 80.

[55] *S. Braga*, a.a.O. S. 80.

[56] *S. Braga*, a.a.O. S. 80.

[57] s. hierzu den bei *Jacobs*, a.a.O. S. 128 dargestellten Meinungsstreit zwischen *Karass*, Pravo socialističeskoj gosudarstvennoj sobstvennosti (Das Recht des sozialistischen Staatseigentums), Moskau 1954, S. 190, *Turubiner*, Pravo gosudarstvennoj sobstvennosti na zemlju v sovestkom sojuze (Das staatliche Eigentumsrecht am Boden in der Sowjetunion), Moskau 1958, S. 137 und *Genkin*, a.a.O. S. 109.

— zugleich in den Rechtsformen hoheitlicher Gebarung wahrgenommen wird, ohne daß in dieser Hinsicht eine klar erkennbare Alternativität besteht. In seiner Eigenschaft als Hoheitsträger verwirklicht der sowjetische Staat die Verfügung, von der die Rede ist, sowohl auf dem Wege der *Gesetzgebung* als auch der *Verwaltung*, und zwar nur er selbst, nicht etwa die Staatsorganisationen, denen die operative Verwaltung der einzelnen Bestandteile und damit nur die Ausübung der Eigentümerbefugnisse, nicht diese selbst, übertragen werden können.

Die Thematik „Gesetz und System" wird hierdurch insoweit berührt, als die *Gesetzgebung* in diesem Rahmen eine untrennbare Verbindung mit der *Eigentümerstellung des Staates* eingeht, der infolgedessen zugleich Gesetzgeber und Eigentümer ist. Die gesetzgeberische Eigentumsgestaltung beginnt bereits mit der Zuordnung der Vermögensgüter zum staatlichen Eigentum und der Zuweisung von staatlichen Betrieben, Gebäuden, Anlagen und anderen Vermögensgegenständen an andere staatliche Organisationen, an Kolchosen und sonstige genossenschaftliche und gesellschaftliche Organisationen (Art. 96 I GK).

Sofern nicht die Gesetzgebung der UdSSR oder Verordnungen des Ministerrates der RSFSR Ausnahmen zulassen, dürfen Gegenstände des Staatsvermögens nicht an Bürger veräußert werden (Art. 86 III GK). Damit treten das Veräußerungsverbot im Bereich des staatlichen Eigentums und die reglementierte Zweckbindung der Veräußerung im Bereich des genossenschaftlichen Eigentums als eine Regelung auf, die den *freien* Eigentumserwerb auf der Seite des Individuums im wesentlichen auf das persönliche Eigentum begrenzt. Hierin liegt, vom Inhalt her gesehen, ein schwerwiegender Unterschied der sowjetischen Eigentumsordnung zu den zum Vergleich gestellten Rechtsordnungen. Daß die Rechtsträgerschaft des Staates als Eigentümer mit seiner gesetzgebenden Gewalt in der angedeuteten Weise kombiniert wird[58], ist, verglichen mit westeuropäischen Verhältnissen, weder mit dem Gewaltenteilungsprinzip noch mit der Trennung von hoheitlicher und fiskalischer Staatsgebarung vereinbar[59].

Die Eigentumsformen des Sowjetrechts und der unter seinem Einfluß stehenden sozialistischen Rechtsordnungen lassen sich dem Inhalt

---

[58] s. *Jacobs*, a.a.O. S. 133.

[59] Der Gesetzeslehre begegnet in diesem ganzen Zusammenhang die eigenartige Erscheinung des „normautonomen Rechtsverhältnisses". Das Rechtsverhältnis — auch das Eigentum ist ein solches — stellt sich als ein Verhältnis zwischen bestimmten Personen dar, welches „durch staatliche Rechtsnormen" geregelt wird. Vgl. hierzu *Joffe*, Pravootnošneije po sovetskomu graždanskomu pravu (Das Rechtsverhältnis nach sowjetischem Zivilrecht), Leningrad 1949, S. 18. — *Tolstoj* (Jurij Kirillovič), K teorii pravootnošenija (Zur Theorie des Rechtsverhältnisses), Leningrad 1959, S. 20 (beide zit. nach *Jacobs*, a.a.O. S. 133, S. 82).

und der Funktion nach nicht durch *zivilrechtliche* Normen erschöpfen, sprengen mithin den Rahmen eines Zivilgesetzbuches im herkömmlichen Sinn. Die Verschmelzung der beiden Formen des sozialistischen Eigentums ist ein Parteiprogrammpunkt. Der Weg verläuft sowohl von der Genossenschaft zum Staatsunternehmen — ein Beispiel bildet der „unteilbare Fonds", der aus Einkünften der Kollektivwirtschaft unterhalten wird —, als auch in umgekehrter Richtung; insbesondere ist es die Kritik an der Fiktion des Einheitsfonds des Staatseigentums, die zu einer neuen Form des Eigentums hindrängt: dem gesellschaftlichen Eigentum der Unternehmen und Genossenschaften. Die Unternehmen erscheinen hiernach als Eigentümer der von ihnen „operativ" verwalteten Teile des Staatseigentums[59a].

d) Zivilrecht und Wirtschaftsrecht

Bereits im frühen Stadium der Kodifizierung und Systematisierung des Sowjetrechts machte sich die Tendenz geltend, sämtliche die sozialistische Wirtschaft betreffenden Rechtsnormen, insbesondere die Regelung der Planwirtschaft, der Rechtsstruktur der Unternehmungen und ihrer rechtlichen Beziehungen zueinander sowie das System der Wirtschaftsverträge[60], vom allgemeinen Zivilrecht abzuzweigen und einer besonderen Disziplin *„Wirtschaftsrecht"* zuzuweisen, die in den „kapitalistischen" Staaten bereits seit längerer Zeit als rechtswissenschaftliche Materie, nicht als Kodifikation, besteht. Das Verlangen nach einer solchen verselbständigten Rechtsmaterie Wirtschaftsrecht hat sich jedoch in der Sowjetunion gegenüber den Anhängern des Anspruches auf ausschließliche Geltung des Zivilgesetzbuches nicht durchzusetzen vermocht[61], vermutlich deshalb, weil sich die Struktur des angestrebten

---

[59a] Die Abgrenzung befindet sich im Flusse der Entwicklung, da sich die Grenzen der Kompetenzen zwischen dem Staat und den Genossenschaften verwischen. Unter diesem Aspekt kommt den Genossenschaften gleichsam nur Übergangscharakter zu. — s. hierzu namentlich die Abhandlungen von *Spišiak, Stuna, Fiala* und *Švestka*, zit. bei *H. Slapnicka*, Die sozialistische Kollektivperson, Wien/Köln/Graz 1969, S. 200/201. Treffend die historische Darstellung bei *Slapnicka*, a.a.O. S. 270: „Das Schicksal der jP ist in diesem Übergangsstadium eng verknüpft mit dem Schicksal des Eigentums. Ist es in der Übergangsperiode vom Kapitalismus zum Sozialismus Aufgabe der Genossenschaften, insbesondere der landwirtschaftlichen Genossenschaften, im Wege der genossenschaftlichen Vergesellschaftung das Privateigentum in genossenschaftliches Eigentum umzuwandeln, so erfolgt in der Ära des Sozialismus die Annäherung und schließliche Verschmelzung des genossenschaftlichen mit dem staatlichen Eigentum zum ‚allgemeinen Volkseigentum'. Bei diesem Umwandlungsprozeß spielen die zwischengenossenschaftlichen Einrichtungen als Übergangsform zum staatlichen Eigentum eine wichtige Rolle, eine Parallele dazu bahnt sich auf dem Gebiet des zwischenstaatlichen Eigentums als dem Eigentum selbständiger sozialistischer Organisationen an. Hier stellen die gemeinsamen Unternehmen den Übergang zum Eigentum des sozialistischen Weltsystems dar."

[60] *V. Knapp*, Verträge im tschechoslowakischen Recht, RabelsZ. 1962, S. 502.

Wirtschaftsrechts mit derjenigen des dortigen Zivilrechts weithin deckt[62].

Wenn auch das russische Recht das Wirtschaftsrecht nicht selbst geregelt hat, so wurden doch dieser Materie gewisse Leitsätze abgewonnen. Der systematische Standort wird uneinheitlich behandelt, denn der Stoffbereich wird zum Teil dem Zivilrecht, zum Teil dem Verwaltungsrecht zugerechnet, aber auch als unabhängige Rechtsdisziplin aufgebaut[63].

Auf dem Prinzip der Einheit des Zivilrechts beruhen auch das ungarische Recht[64] und das polnische Zivilgesetzbuch[65]. Dagegen hat sich die Tschechoslowakei ein Wirtschaftsgesetzbuch gegeben[66], das vom Zivilgesetzbuch unabhängig ist[67]. Gegenstände der Regelung sind u. a. der Wirtschaftsplan, das sozialistische Eigentum und Organisationsgefüge, das Unternehmensregister sowie das wirtschaftsrechtliche Vertragssystem[68]. Die übrigen Ostblockstaaten[69] haben demgegenüber nur einzelne Teilgebiete des Wirtschaftsrechts, wie das Vertrags- und Unternehmensrecht, speziell geregelt. Das tschechoslowakische Wirtschaftsgesetzbuch beruht auf einer selbständigen, von dem Vorbild des Sowjet-

---

[61] Zu dieser Antithese s. namentlich *R. Maurach*, Zur Frage der Kodifizierung und Systematik des Sowjetrechts, Recht in Ost und West 1959, S. 1 ff., 217 ff.

[62] So die bei *Maurach*, a.a.O. S. 22 zit. „Zivilrechtler" *Denisow und Bernstein*.

[63] Zum Ganzen: *H. Slapnicka*, Das Wirtschaftsrecht im System der sozialistischen Rechtsordnungen, Jahrbuch für Ostrecht (X/1) 1969. — *A. Bilinsky*, Das sowjetische Wirtschaftsrecht; (diese Abhandlung zur Zeit noch unveröffentlicht). — *Schluep*, a.a.O. S. 65.

[64] *B. Kemenes*, in: Das ungarische Zivilgesetzbuch in fünf Studien, Budapest 1963, S. 190: „Wie gesagt, hat sich also hinsichtlich der Bedeutung und der Funktionen des Systems der Verträge bei den Vertretern der sozialistischen Rechtswissenschaft ein ziemlich einheitlicher Standpunkt ausgebildet, den sowohl die Gesetzgebung als auch die Rechtspraxis untermauern. Doch dürfen wir gleich hinzufügen: wenn sich auch die Auffassungen der Rechtsgelehrten hinsichtlich der Vielfalt der Funktionen des Vertrags decken, gelangen die einzelnen Autoren aus dieser Tatsache der Differenziertheit selbst zu sehr verschiedenen Folgerungen. Mit besonderer Schärfe zeigt sich dies an der kürzlich aufgetauchten Theorie, die man gemeinhin als die *neue Konzeption des Wirtschaftsrechts* bezeichnet. Auf diese Theorie wollen wir hier aber nicht näher eingehen, einerseits weil sie in der ungarischen Rechtswissenschaft bisher nicht vertreten ist, andererseits — und hauptsächlich — darum, weil sich *in den Lösungen des Ungarischen Zivilgesetzbuches keinerlei Spuren ihres Einflusses finden; ...*" (Zivilgesetzbuch der Ungarischen Volksrepublik von 1960).

[65] *G. Gralla*, Fragen des polnischen Vertragsrechts, Jahrbuch für Ostrecht 1964, S. 134. (Zivilgesetzbuch der Volksrepublik Polen von 1964).

[66] Sb. Nr. 109/1964.

[67] *H. Slapnicka*, Die neueste Rechtsentwicklung in der Tschechoslowakei, Österreichische Osthefte 1967, S. 7 f.

[68] Vgl. *H. Slapnicka*, a.a.O. S. 8. — Ders., Das Wirtschaftsrecht im System der sozialistischen Rechtsordnungen, a.a.O. S. 15.

[69] Zum Vertragssystem der SBZ. s. *Pleyer*, JZ. 1963, S. 223 ff. mit weiteren Nachweisen.

rechts unabhängigen Konzeption. Die Kodifizierung ist als Beweis dafür angesehen worden, daß die einzelnen sozialistischen Staaten das Recht selbst weiterentwickeln können, ohne hierbei unbedingt an Vorbilder gebunden zu sein[70].

In dieser Hinsicht ist besonders noch auf das jugoslawische System der Wirtschaftsselbstverwaltung und die Regelung des Eigentums an den Produktionsmitteln zu verweisen[71].

e) Legalitätsprinzip

Das sowjetische Rechtssystem läßt sich zwar bis zu einem gewissen Grade am Eigentumssystem charakteristisch erläutern, letztlich jedoch nur aus den Wandlungen des Rechtsbegriffes und der Rechtstheorie selbst grundsätzlich erfassen[72]. Die Darlegung der sozialistischen Rechtslehre geht indes über die Thematik Gesetz und System hinaus. Die Lehre vom Gesetz hat sich hier nur mit dem Prinzip der sozialistischen *Gesetzmäßigkeit* zu beschäftigen. Dieser in den letzten Jahren häufig erörterte Grundsatz geht von der Notwendigkeit aus, daß die sowjetischen Gesetze zu befolgen sind, weil sie solche „eines sozialistischen Staates sind und daher den Interessen der ganzen Gesellschaft entsprechen ... Der Gesetzmäßigkeitsgrundsatz wird durch die Tatsache ge-

---

[70] *H. Slapnicka*, a.a.O. S. 7, 8.

[71] s. hierzu: *V. Knapp*, in: Problemes juridiques de l'entreprise d'etat dans les pays socialistes, Mailand 1968, S. 11: „La législation yougoslave a adopté une solution essentiellement différente. Théoriquement elle est basée (comme la législation de tous les autres pays socialistes) sur l'idée de la propriété du peuple entier, mais elle diffère des autres par le fait qu'elle ne reconnaît pas l'existence de la propriété de l'*Etat*.

Son idée de base, exprimée en premier lieu par la Constitution de 1963, est la propriété sociale directe (du peuple entier), laquelle n'est donc pas réalisée par l'intermédiaire de l'Etat, mais par l'autogestion des travailleurs. ...

Les moyens de production appartenant à la société, ne faisant pas l'objet d'un droit de propriété quelconque, sont administrés par les travailleurs qui les utilisent (d'après l'art. III de la Constitution) à la fois dans leur intérêt propre et dans celui de la communauté sociale. ... L'autogestion des travailleurs est effectuée par l'intermédiaire des organisations de travail, c'est à dire en premier lieu des entreprises socialistes.

L'organisation de travail possède la qualité de personne morale; elle jouit donc (comme les entreprises étatiques dans les autres pays socialistes) d'une capacité de l'exercice des droits. La question qui se pose est celle de savoir quelle est la nature du droit des entreprises (des organisations de travail) en *Yougoslavie* sur les moyens de production.

La législation et la science juridique en Yougoslavie donnent la réponse qu'il s'agit d'un droit spécial de jouissance. Ce droit, étant un droit réel, est considéré comme un droit autonome, c'est à dire comme un droit qui n'est pas dérivé du droit de propriété, mais découle directement de l'autogestion ouvriére au sein de l'organisation de travail. ..."

[72] *A. Bilinsky*, Die Entwicklung des Rechtsbegriffes in der Sowjetunion, Jahrbuch für Ostrecht 1962, S. 69 ff.

rechtfertigt und beschränkt, daß die sowjetischen Gesetze die Gesetze eines sozialistischen Staates sind und dem Aufbau — heute der Bestätigung — des Sozialismus dienen“[73].

So läuft die Rechtskreislehre in den Vergleich von Rechtssystemen mit verschiedenen Legalitätsprinzipien aus. Ihr Inhalt ist in den Rechtsordnungen der osteuropäischen Länder ein anderer als in den der westeuropäischen Staaten, wo sich der Grundsatz lediglich an die staatlichen Organe wendet, die sich im Interesse des rechtsstaatlichen Schutzes der Individualrechtssphäre an die Gesetze zu halten haben[74]. Der Inhalt des gleichen sozialistischen Leitsatzes geht über den Sinn solcher Gesetzmäßigkeit hinaus, da er sich an den Bürger richtet und den *einzelnen* verpflichtet, und zwar sowohl zur Gesetzestreue als auch zu einer Verhaltensweise, durch welche er sein individuelles Dasein als gesellschaftliches organisiert, um auf diese Weise das sozialistische Recht zu verwirklichen[75].

Letzten Endes führt der Vergleich der Legalitätsbegriffe auf einen solchen der Rechtssysteme von Gesellschaftsordnungen mit verschiedenartigen Wirtschaftssystemen zurück, denn formale Ähnlichkeiten der Legalitätsarten bedeuten noch keine wesenhafte Übereinstimmung[76]. Der Methode der Rechtsvergleichung kommt hierbei die Bedeutung einer „integrierten Gesamtstudie“ zu[77], zudem fördert sie das gegenseitige Verständnis der Rechtsordnungen in Ost und West. Dieses um so mehr, als die Existenz konstanter Faktoren und Rechtsbegriffe unbestreitbar ist, die mehr oder weniger allen Rechtssystemen, auch denen sozialistischer Prägung, gemeinsam sind. Unbeschadet des „letzten Zieles“, das ein Rechtssystem von einem anderen scheidet, stimmen die „Rechtstechniken“, auch in verschiedenartig strukturierten Rechtsordnungen, weithin überein. Diese Systeme lassen sich nach neuerer sowjetischer Auffassung, wenn überhaupt, nur insofern vergleichen, als lediglich die unterschiedlichen Regelungen und die gegensätzlichen Ideologien *festgestellt* werden[78].

[73] *David - Grasmann*, a.a.O. S. 198.

[74] The Rule of Law in a Free Society, Report on the International Congress of Jurists, Neu Delhi (India) 1959, S. 188 ff.

[75] *J. Tóth*, Die Rechtsvergleichung und der Vergleich von Rechtssystemen mit verschiedenen Legalitätsbegriffen, Journal der internationalen Juristen-Kommission 1965, Bd. VI, Nr. 2 S. 297. — *E. Zellweger*, Das Prinzip der sozialistischen Gesetzlichkeit, 1964 (zit. nach *Tóth* S. 297).

[76] *I. Szabo*, wiedergegeben bei *J. Tóth*, a.a.O. S. 306 f.

[77] Vgl. hierzu den Bericht über das Warschauer Kolloquium von 1958 bei *J. Tóth*, a.a.O. S. 283 ff.

[78] So *S. L. Siws*, O Metode Sranitelnogo Issledowanija w Nauke o Gossudartswe i Prave (Zur Methode der vergleichenden Forschung in der Staats- und Rechtswissenschaft) Sowjetskoje Gossudarstwo i Prawo, 1964, Nr. 3, S. 32—33 (zit. nach *J. Tóth*, a.a.O. S. 304).

Von der Konvergenz und Divergenz, die auf diese Weise konstatiert wird, ist wiederum die Möglichkeit einer *Synthese* von Rechtssystemen zu sondern. Sie liegt nicht im rechtlichen, sondern in gesellschaftlich-politischen Bereichen und ihrer ideologischen „Annäherbarkeit" begründet.

Das kommunistische System bietet sich hierbei in Osteuropa einerseits[79] und den asiatischen Volksrepubliken andererseits auf Grund der unterschiedlichen Traditionen und Entwicklungsstufen in einer divergierenden Gestalt dar. Mit Recht ist darauf hingewiesen worden, daß die osteuropäischen Rechtsordnungen sozialistischer Provenienz im Gegensatz zu den asiatischen einem „vorbestehenden europäischen kontinental-rechtlichen System überlagert worden" sind, das weithin im römischen Recht wurzelt[80].

7. Die Problematik der französischen und der deutschen Rechtsfamilie

Die Rechtskreislehre befindet sich im Flusse steter Entwicklung. Aus dem historischen Gesamtzusammenhang läßt sie sich nicht herausreißen, wenn auch die Frage, welche Rechtskreise in Europa bestehen, nur auf einen bestimmten Zeitpunkt bezogen werden kann. Der Wandel kommt in dem Bild der Überlagerung von *Schichten* zu treffendem Ausdruck.

Die Grundschicht ist der römisch-germanische Rechtskreis, der das historische Fundament des westeuropäischen Privatrechts bildet. Diese Formation ist der bleibende Nährboden für jüngere Schichten. Ihn überdecken der anglo- und ibero-amerikanische Rechtskreis im Nord- und Südwesten Europas, die beide von ihrer europäischen Basis aus nach Nord-, Mittel- und Südamerika und darüber hinaus ausstrahlen, und zwar beide in Gemäßheit der Prinzipien und Einrichtungen des überkommenen europäischen Privatrechtssystems. Ihn überdeckt aber auch der osteuropäische Rechtskreis mit jenen Rechtssystemen, die bald als sowjetische, bald als kommunistische, bald als sozialistische bezeichnet zu werden pflegen. Wiewohl auch auf dem alten, europäischen Rechtsboden der römisch-germanischen Rechtsfamilie aufgewachsen, sind die zuletzt genannten Systeme mit den zuerst genannten nicht auf eine Stufe zu stellen. Denn sie sind nicht im beschriebenen Sinne Ausstrahlungsbereiche, die die herkömmliche europäische Rechtstradition und Rechtskultur fortsetzen und individuell ausprägen wollen, sondern sie sind bestrebt, hiervon abgekehrt, selbst eine solche auf Grund eigenständiger Zielsetzungen zu begründen und auszusenden[81].

---

[79] Zur Problematik der „Rechtsgleichheit" s. *A. Uschakow*, a.a.O. S. 1.
[80] *J. Tóth*, a.a.O. S. 280.
[81] *Hazard*, Le droit et l'evolution sociale en URSS, 1953.

Die letzte Frage lautet, wie jener Rechtsraum einzugliedern ist, der von der Überdeckung freigehalten ist. In geographischer Beschreibung ist es der *zentraleuropäische* Rechtsbereich, der zwischen dem anglo- und ibero-amerikanischen Rechtskreis einerseits und dem osteuropäischen Rechtskreis andererseits liegt. Die in dieser „Mitte" geltenden Rechtsordnungen sollten vom Standpunkt einer Gegenwartsbetrachtung nicht mehr wie bisher zu Rechtsfamilien zusammengefaßt werden. Hierüber besteht indes keine Übereinstimmung.

So führte unlängst *Zweigert* aus: „Bei der Gruppierung der auf römisches und auf germanisches Recht zurückgehenden Rechtsordnungen des europäischen Kontinents bestehen aber Zweifel, ob sie alle (mit Ausnahme der unbestrittenermaßen eigenständigen skandinavischen Rechte) *einem* Rechtskreis zuzurechnen seien oder ob ein germanischer Rechtskreis (mit Deutschland, Österreich, der Schweiz und etwaigen weiteren Tochterrechten) und ein romanischer Rechtskreis (mit Frankreich und allen Tochterrechten des französischen Code civil, einschließlich Spaniens, Portugals und der südamerikanischen Rechte) zu bilden sei. *Arminjon-Nolde-Wolff* entscheiden sich mit Recht für die zweite Abgrenzung. Gemeinsame historische Quellen am Beginn der Entwicklung verlieren für den Stil von Rechtsordnungen ihre Bedeutung, wenn spätere Ereignisse wesentlicheren Einfluß genommen haben. Und im Verhältnis zwischen den hier in Betracht kommenden Rechtsordnungen ist dieses spätere wesentliche Ereignis die Tatsache, daß der französische Code civil eine Rezeptionsbewegung in der Welt ausgelöst hat, an der Deutschland, Österreich und die Schweiz gerade nicht teilgenommen haben[82]."

Ohne Zweifel hat die Rezeptionswelle, die im 19. Jhdt. vom Code civil ausging, rechtsgeschichtliche Epoche gemacht und räumliche Abgrenzungen im Sinne der Kreislehre hervorgebracht. Aber auch diese Entwicklungsschicht ist im Fortgang der Zeit von jüngeren überlagert worden. Einige der Untergruppen der französischen Familie haben sich namentlich bereits seit geraumer Zeit „selbständig" zu machen begonnen, wie dies am Beispiel des iberischen und italienischen Rechts ersichtlich wird. Zudem sind sich die „romanische" Rechtsfamilie, die auch oft als lateinische oder französische bezeichnet wird, und die deutsche dadurch nähergekommen, daß sie beide wie auch andere Länder von der Bewegung erfaßt worden sind, die der Gedanke eines europäischen Privatrechts in neuester Zeit mehr und mehr ausgelöst hat. Schließlich bedarf es noch privatrechtsgeschichtlicher Untersuchungen, auf welche Weise die sogenannte „deutsche" Rechtsfamilie, die mitunter auch „germanische" genannt wird — die Antithese römisch-germanisch wirkt

[82] *Zweigert*, a.a.O. S. 48 ff.

hierin nach —, entstanden ist, welchen Wandlungen sie später ausgesetzt war und wie sie sich endlich heute darstellt.

Geht man hierbei von den deutschen oder deutschsprachigen Kodifikationen des 18. und des 19. Jhs. aus[83], so wird die Rechtsfamilie von dem deutschen Gemeinen Recht, dem preußischen Allgemeinen Landrecht, dem österreichischen Allgemeinen Bürgerlichen Gesetzbuch und zuletzt dem Sächsischen Gesetzbuch bestimmt.

Die österreichische Privatrechtskodifikation hat die übrigen überdauert. In ihrem Zeichen steht die Geschichte des *österreichischen Rechtsraumes*, dessen *eigenartige Entwicklung* innerhalb der deutschen Rechtsfamilie seither zu wenig gewürdigt ist. Insbesondere gelangt nicht zu hinreichendem Ausdruck, daß der österreichische Rechtsraum dem *ostmitteleuropäischen* Bereich eine besondere Note innerhalb des römisch-germanischen Rechtskreises verliehen hat[84], daß die österreichische Rechtsordnung den Untergang des Staates überdauerte, der sie einst geschaffen hatte[85], und daß sich der Rechtsraum selbst nach dem Zerfall der Donaumonarchie noch ausdehnte, wenn sich auch der unmittelbare Geltungsbereich des österreichischen Zivilrechts auf das Gebiet des österreichischen Bundesstaates beschränkte. In der Zeit von 1938—1945 wurde das ABGB zwar in mancher Hinsicht dem damals geltenden deutschen Recht angepaßt, nicht aber durch das deutsche BGB ersetzt. Oft sind diese Kodifikationen miteinander verglichen worden. Indes ist hierbei zu berücksichtigen, daß zwischen dem Inkrafttreten des ABGB und des BGB fast hundert Jahre liegen und daß sie in verschiedenen Rechtszeitaltern entstanden sind.

Üblich ist es, die drei Kodifikationen: den Code civil, das österreichische ABGB und das preußische ALR, als Erscheinungsformen des Naturrechts der Aufklärungszeit, als Systeme des Vernunftrechts, mithin als Erzeugnisse einer philosophisch und weltanschaulich begründeten Rechtslehre aufzufassen und miteinander in Verbindung zu bringen. Demgegenüber wird das BGB vor allem als Erzeugnis der Pandektenwissenschaft des 19. Jhs., als „Spätfrucht der rechtshistorischen und begrifflich konstruktiven Richtung"[86] angesehen und erscheint dann solcher Betrachtungsweise als „aphilosophisch und unpolitisch"[87]. Der Vergleich konfrontiert rechtsphilosophische Systeme mit dem dogmatischen Aufbau eines Privatrechtssystems, geht somit von heterogenen Voraussetzungen aus.

---

[83] *Wieacker*, a.a.O. S. 503.

[84] *H. Slapnicka*, Der Untergang des österreichischen Rechtsraumes, Zeitschrift für Ostforschung 1957, S. 161 ff.

[85] *H. Slapnicka*, a.a.O. S. 161.

[86] *F. Gschnitzer*, Allgemeiner Teil des österreichischen bürgerlichen Rechts, Wien/New York 1966, S. 14.

[87] *A. B. Schwarz*, a.a.O. S. 9 ff.

Die Kodifikation des deutschen BGB ist nicht von den deutschsprachigen, sondern von anderen Ländern, wie z. B. Griechenland, Japan, China und Siam, ganz oder teilweise übernommen worden. Dagegen ist der Einfluß der deutschen Rechtswissenschaft in dem deutschsprachigen Rechtsraum von Bedeutung gewesen, wie überhaupt jede Kodifikation durch die zeitgenössische Dogmatik bedingt ist. Dies bezieht sich insbesondere auf das einige Jahre nach dem deutschen BGB in Kraft getretene schweizerische Zivilgesetzbuch, das nicht unwesentlich von der deutschen Rechtslehre beeinflußt wurde[88].

Andererseits ist das schweizerische Zivilgesetzbuch aus einer volksrechtlichen Konzeption hervorgegangen, auf Grund deren es sich von der „romanistisch-theoretischen Tradition des BGB" deutlich distanziert. So konnte *J. Unger* aus österreichischer Sicht sagen: „..., um das die Deutschen zu beneiden wir m. E. keinen Grund haben. Dagegen haben wir allen Grund, die Schweizer um ihr neues, von Professor Eugen Huber verfaßtes Zivilgesetzbuch zu beneiden, das in hohem Grade gelungen, wahrhaft volkstümlich und ebenso gemeinverständlich ist, wie unser bürgerliches Gesetzbuch" und „das sicherlich das beste bürgerliche Gesetzbuch unserer Zeit ist"[89].

Die drei genannten Kodifikationen stehen daher unabhängiger und eigenständiger nebeneinander, als es der Vorstellung einer Vorbildlichkeit der einen Kodifikation für eine andere entspricht oder anders ausgedrückt: In der französischen Rechtsfamilie ist es der Code civil, der in diesem Sinne vorbildlich nach allen Seiten gewirkt hat, und zwar unabhängig von der Sprachgemeinsamkeit. In der deutschen Rechtsfamilie hingegen besteht eine solche Vorbildlichkeit nicht, sondern nur das Merkmal der Sprachgemeinsamkeit, und dieses noch um den Ausstrahlungsbereich in fremdsprachige Gebiete eingeschränkt.

Dennoch erscheint es berechtigt, vom Gedanken der Sprachgemeinsamkeit, der Deutschsprachigkeit der Kodifikationen her gesehen, von einem deutschen Rechtskreis zu sprechen, sofern Einmütigkeit darüber besteht, daß überhaupt dieses Merkmal als solches allein betrachtet für die Abgrenzung einer Rechtsfamilie ausreicht[90].

---

[88] *A. B. Schwarz,* a.a.O. S. 12.

[89] *J. Unger*, Mosaik, Leipzig 1911, S. 122, 195.

[90] In einer Typologie der Rechtskreise, die der Verfasser in: Estudios de Derecho civil, en honor del Prof. Castan Tobeñas IV, „Die Rechtskreise der Erde", Pamplona 1969, S. 309, aufgebaut hat, sind folgende sprachlich assoziierte Rechtskreise nebeneinandergestellt worden:

a) anglo-amerikanische Rechtsfamilie
b) ibero-amerikanische Rechtsfamilie
c) deutschsprachige Rechtsfamilie
d) skandinavische Rechtsfamilie

Unter dem Gesichtspunkt der Vorbildlichkeit von Rechtsordnungen sind

Vom Standpunkt einer Gegenwartsbetrachtung aus kann diese Streitfrage auf sich beruhen, weil die internationale Tendenz zur Angleichung, Harmonisierung und Vereinheitlichung der Rechtsordnungen die traditionelle Aufgliederung in eine römische und deutsche Rechtsfamilie mehr und mehr entkräftet[91].

---

aufgeführt:

a) französische Rechtsfamilie
b) sowjetisch-russische Rechtsfamilie
Unter dem Gesichtspunkt der Transzendenz folgende:
a) Recht der Hindus
b) Recht der Mohammedaner
c) Recht der nichtkommunistischen Chinesen.

[91] Reichhaltiges Material zu dem Kapitel 7 befindet sich bei *A. B. Schwarz*, Rechtsgeschichte und Gegenwart, Karlsruhe 1960. Von besonderer rechtshistorischer Bedeutung ist die Abhandlung „Zur Entstehung des modernen Pandektensystems", S. 1 ff. (s. auch ZRG. Rom. Abt. 42, S. 578 ff.). Weitere Abhandlungen haben die „Rezeption und Assimilation ausländischer Rechte" (a.a.O. S. 149 ff.) sowie „Die Lebenskraft der Zivilgesetzbücher und ihre Revision" (a.a.O. S. 161 ff.) zum Gegenstande. Einschlägig ist auch der hervorragende Aufsatz „Einflüsse deutscher Zivilistik im Auslande" (a.a.O. S. 26 ff.), besonders in Frankreich, wo *Salleiles* die deutsche Ziviljurisprudenz dem französischen Bewußtsein nahegebracht hat.

E. Privatrechtssysteme der Gegenwart und Zukunft

I. Einleitung

Soweit sich die vorgetragene Rechtskreislehre auf Privatrechtskodifikationen stützt, beruht sie im wesentlichen auf den Gesetzbüchern des 19. und 20. Jahrhunderts, besonders auf der preußischen, österreichischen, französischen, deutschen und schweizerischen Kodifikation sowie auf den hiervon beeinflußten Gesetzbüchern. Allgemeiner Überzeugung entspricht, daß alle diese Gesetzeswerke vom Standpunkt heutiger Betrachtung und Anforderung den Wandlungen der wirtschaftlichen und sozialen Verhältnisse, die sich im Fortgang der Zeit vollzogen haben, nicht mehr vollauf genügen. Daß sie größtenteils, mit Ausnahme des ALR, dennoch in Geltung sind, ist auf eine Reihe von öfter erörterten Gründen zurückzuführen.

Die genannten Gesetzeswerke sind zwar Ausdruck der Gesellschaftsauffassung ihrer Zeit gewesen, sei es der „altständischen", der auf dem Freiheits- und Gleichheitsprinzip beruhenden Gesellschaftsordnung oder der „spätbürgerlichen mitteleuropäischen Gesellschaft"[1], haben aber diese Zeitströmungen überdauern können, weil ihre Form und Gestalt die Anpassung an eine gewandelte Wirklichkeit zuließen, wiewohl das ursprünglich konzipierte Sozialmodell längst durch die Entwicklung überholt worden war.

Hinzu kommt, daß sowohl die Rechtswissenschaft als auch die Rechtsprechung dazu beigetragen haben, daß die klassischen Einrichtungen und Grundsätze des Zivilrechts infolge ihrer Verbindung mit dem sich wandelnden sozialen Wirtschaftsleben umgestaltet und angepaßt worden sind[2].

Die Lehre von Treu und Glauben, von der Geschäftsgrundlage und culpa in contrahendo sowie vieles andere mehr können hierfür als Beispiele angeführt werden. Der weite Rahmen, den die allgemeinen Geschäftsbedingungen der rechtsgeschäftlichen Privatautonomie mehr und

---

[1] *Wieacker*, a.a.O. S. 620.

[2] Vgl. hierzu *R. Schmidt*, Die Bedeutung der Entwicklung von Wirtschaft und Wirtschaftsrecht für das klassische Privatrecht, Festschrift für *H. C. Nipperdey*, Bd. I, München u. Berlin 1965, S. 694 ff.

mehr gegeben haben, hat eine Anpassung an die veränderten Umstände ermöglicht, und zwar auf einer Reihe von Lebensgebieten wie Verkehr, Versorgung, Kreditwirtschaft und Versicherung, nicht zuletzt im Bereich des Handels[3].

Im Laufe der Zeit werden die älteren Kodifikationen einem neuen System unterworfen werden müssen, da das überkommene der Vielfalt und Neuartigkeit der Rechtserscheinungen nicht mehr gerecht wird.

Ein solches System der Zukunft zu finden, ist deshalb eine dringende Aufgabe, wenngleich es zur Zeit noch verfrüht erscheint, ein allgemeingültiges, europäisches Privatrechtssystem zu entwerfen. Vielleicht ist eine einheitliche Gliederung, die für alle Länder Europas Geltung beanspruchen könnte, überhaupt eine Illusion. Wohl aber lassen sich einige verwandte Ordnungsgedanken aus der Kodifikationsgeschichte ableiten, die die Systemforschung weiter bringen können. Im folgenden werden zunächst die verschiedenen Zivilrechtsbüchersysteme nebeneinandergestellt, und zwar in einer mehr äußerlichen Betrachtungsweise, sodann wird der Versuch unternommen, in groben Strichen eine übernationale, vergleichend gewonnene Systematik aufzuzeichnen. Zwar ist die Methode einer übernationalen Qualifikation des Rechtsstoffes unlängst in Frage gestellt worden, jedoch greifen diese Zweifel hier nicht durch, weil die übernationale Systematik nur ein Grundmodell für die spätere Gewinnung nationaler Klassifikation sein soll[3a].

II. Methoden der Einteilung

1. Das 3-Bücher-System

Im Code civil Frankreichs von 1804, dem ältesten der noch in Geltung stehenden Zivilgesetzbücher, findet sich nicht nur äußerlich kein „Allgemeiner Teil" vor, auch sachlich steht er allgemeinen juristischen Prinzipien fern[4].

---

[3] Neuere Zivilgesetzbücher wie etwa im Bereich des sowjetrussischen Rechtskreises das Zivilgesetzbuch der Tschechoslowakei von 1964, der ungarischen Volksrepublik von 1960, der Union der Sowjetrepubliken von 1964 geben dem Wandel der Gesellschaftsordnung sichtbaren Ausdruck.

[3a] s. hierzu *U. Drobnig*, a.a.O. S. 228 f. gegen *Sandrock*, Über Sinn und Methode zivilistischer Rechtsvergleichung (1966), S. 45—51. — *Eörsi*, Réflexions sur la Méthode de la Comparaison des Droits dans le domaine du Droit Civil: Rev. int. dr. comp. 19 (1967), S. 397—418 (beide zit. nach U. Drobnig, a.a.O. S. 227, 228).

[4] Vgl. hierzu *Heinsheimer - Wolff - Kaden - Merk*, Frankreich Code civil, Die Zivilgesetze der Gegenwart, Band I, Mannheim/Berlin/Leipzig 1928, S. IX.

Dem ersten Buch „Les personnes“ (Art. 7—514)[5] ist ein „Titre préliminaire“, der von der Verkündung, den Wirkungen und der Anwendung der Gesetze im allgemeinen handelt, vorangestellt[6].

Das zweite Buch „Des biens, et des différentes modifications de la propriété“ (Art. 516—710) hat die Einteilung der Güter, das Eigentum, den Nießbrauch, das Gebrauchsrecht und Wohnungsrecht, die Servituten und Grunddienstbarkeiten zum Inhalt. Daran schließt sich das dritte Buch „Des différentes manières dont on acquiert la propriété“ (Art. 711—2281), das der Überschrift nach die verschiedenen Eigentumserwerbsarten (par succession, par donation entre vifs ou testamentaire, et par l'effet des obligations) zum Gegenstand hat, inhaltlich aber noch andere Rechtsmaterien, wie besonders das Schuld- und Pfandrecht umschließt.

Das Allgemeine Bürgerliche Gesetzbuch Österreichs handelt in den §§ 1—14 von den bürgerlichen Gesetzen überhaupt und läßt anschließend in den §§ 15—284 den 1. Teil „Von dem Personenrechte“ folgen. Dieser Teil handelt in vier Hauptstücken von den Rechten, welche sich auf persönliche Eigenschaften und Verhältnisse beziehen (§§15—43), von dem Eherechte (§§ 44—136), von den Rechten zwischen Eltern und Kindern (§§ 137—186) und zuletzt von den Vormundschaften und Kuratelen (§§ 187—284). Ein allgemeiner Teil im Sinne des deutschen BGB ist nicht vorhanden.

Der zweite Teil behandelt das Sachenrecht in den §§ 285—1341, das unter der Überschrift „Von den dinglichen Rechten“ (§§ 309—858) diese selbst sowie zugleich das Erbrecht und unter der Überschrift „Von den persönlichen Sachenrechten“ die Verträge und Rechtsgeschäfte sowie das Recht des Schadenersatzes und der Genugtuung regelt (§§ 859—1341). Im dritten Teil sind gemeinschaftliche Bestimmungen der Personen- und Sachenrechte vereinigt (§§ 1342—1502).

---

[5] Das Personenrecht gliedert sich in folgende Titel:

1. Titel.	Vom Genuß und Verlust der bürgerlichen Rechte .. Art.	7— 33
2. Titel.	Von den Urkunden des Zivilstandes	34—101
3. Titel.	Vom Wohnsitz	102—111
4. Titel.	Von den Abwesenden	112—143
5. Titel.	Von der Ehe	144—228
6. Titel.	Von der Ehescheidung	229—311
7. Titel.	Von der Vaterschaft und der Kindschaft	312—342
8. Titel.	Von der Adoption	343—370
9. Titel.	Von der elterlichen Gewalt	371—387
10. Titel.	Von der Minderjährigkeit, der Vormundschaft und der Emanzipation	388—487
11. Titel.	Von der Volljährigkeit, der Entmündigung und dem gerichtlichen Beistande	488—514

[6] Vgl. hierzu *Heinsheimer*, a.a.O. S. 1: Dieser einleitende Titel, welcher die Artikel 1—6 umfaßt, ist der Rest des von *Portalis* ausgearbeiteten „Livre préliminiaire“.

2. Das 4-Bücher-System

Als Beispiel möge der Codigo civil Español von 1889 angeführt werden, dessen erstes Buch „de las personas" (Art. 17—332) ähnlich wie das des Code civil aufgebaut ist.

Im zweiten Buch ist das Sachenrecht unter der Überschrift „De los bienes, de la propiedad y de sus modificaciones" (Art. 333—608) enthalten. Das dritte Buch „De los diferentes modos de adquirir la propiedad" (Art. 609—1087) stellt die verschiedenen Arten des Eigentumserwerbes zusammen. Das vierte Buch „De las obligaciones y contratos" (Art. 1088—1976) faßt Obligationen und Verträge zusammen[7].

[7] Eine Gliederung in vier Teile erfahren auch:

1. Das ungarische Zivilgesetzbuch von 1960 gliedert sich nach den einleitenden Bestimmungen in den §§ 1—7 in vier Teile:

   Die Personen (§§ 8—87),
   Eigentumsrecht (§§ 88—197),
   Schuldrecht (§§ 198—597),
   Erbrecht (§§ 598—685).

   An Stelle eines Allgemeinen Teiles setzt dieses Zivilgesetzbuch einleitende Bestimmungen über die Rechtsgrundsätze und das Personenrecht voran. Der erste Teil umfaßt vier Titel, die den Status des Menschen als Rechtssubjekts, dann des Staates als Rechtssubjekts sowie die Rechtsverhältnisse der sogenannten juristischen Personen und den zivilrechtlichen Schutz der Personen regeln. Der Teil des Eigentumsrechts umfaßt drei Titel. Der erste Titel behandelt im Rahmen der allgemeinen Bestimmungen über das Eigentumsrecht die Eigentumsformen, die Gegenstände sowie den Inhalt und den Schutz des Eigentumsrechts, die Formen des Erwerbs des Eigentumsrechts, das Miteigentum und die verschiedenen Benutzungsrechte. Der zweite Titel enthält Bestimmungen über das gesellschaftliche Eigentum, während der dritte Teil den Besitz regelt. Vgl. hierzu: Das ungarische Zivilgesetzbuch in fünf Studien, insbes. *F. Mádl:* Das erste ungarische Zivilgesetzbuch — das Gesetz IV vom Jahr 1959 — im Spiegel der Geschichte der zivilrechtlichen Kodifikation, Budapest 1963. — sowie *E. C. Hellbling,* Das Personenrecht und das Erbrecht des neuen Zivilgesetzbuchs Ungarns, Zeitschrift für Rechtsvergleichung 4/1962, S. 214 ff.

2. Das polnische Zivilgesetzbuch von 1964:

   Das erste Buch, Allgemeiner Teil (Art. 1—125), ist in folgende VI Titel aufgegliedert: Einleitungsvorschriften, Personen, Vermögen, Rechtsgeschäfte, Fristen und Verjährung der Ansprüche.
   Das zweite Buch, Eigentum und andere Sachenrechte (Art. 126—352), behandelt in den Titeln I—IV das Eigentum, den Erbnießbrauch, die beschränkt dinglichen Rechte und den Besitz.
   Das dritte Buch, Schuldverhältnisse (Art. 353—921), stellt den umfangreichsten Teil in den Titeln I—XXXVI dar, da es nicht nur die herkömmlichen schuldrechtlichen, handelsrechtlichen und andere Bestimmungen übernommen, sondern zahlreiche neue Bestimmungen (wie z. B. im Titel IV die Pflicht zum Abschluß von Verträgen zwischen den Einheiten der vergesellschafteten Wirtschaft, im Titel XIV den Verkauf landwirtschaftlicher Produkte auf Kontraktbasis oder im Titel XVI den Bauvertrag) normiert hat.
   Das vierte Buch, Erbrecht (Art. 922—1088), regelt neben den allgemeinen Vorschriften, die gesetzliche Erbfolge, Verfügungen von Todes wegen, den Pflichtteil, die Annahme und Ausschlagung der Erbschaft, die Bestätigung des Erwerbs der Erbschaft und Schutz des Erben, die Haftung für Nachlaßverbindlichkeiten, Nachlaßgütergemeinschaft und Erbteilung, Erbverträge

Der argentinische Código Civil umschließt vier Bücher: libro I „De las personas“ (Art. 30—494), libro II „De los derechos personales en las relaciones civiles“ (Art. 495—2310), libro III „De los derechos reales“ (Art. 2311—3261) und libro IV „De los derechos reales y personales disposiciones comunes“ (Art. 3262—4051).

3. Das 5-Bücher-System

Das deutsche BGB und die unter seinem Einfluß stehenden Kodifikationen, z. B. das Zivilgesetzbuch von Griechenland[8], setzen den vier Hauptteilen einen „Allgemeinen Teil“[9] voran. Das zweite Buch hat das „Recht der Schuldverhältnisse“, das dritte Buch das „Sachenrecht“ zum Gegenstande. Das „Familienrecht“ ist nicht wie in manchen anderen Gesetzbüchern im ersten Buch unter der Überschrift Personenrecht, sondern erst im vierten Buch geregelt, dem als fünftes im engen Anschluß das „Erbrecht“ folgt[10].

Das neue portugiesische Zivilgesetzbuch von 1967 legt ebenfalls eine Einteilung in fünf Bücher zugrunde.

---

und im letzten Titel X die besonderen Vorschriften über die Beerbung landwirtschaftlicher Betriebe; vgl. hierzu *E. Gralla*, Das polnische Zivilgesetzbuch, Osteuroparecht 2/1966, S. 81—119; Ders., Das Vertragsrecht im neuen polnischen Zivilgesetzbuch, Jahrbuch f. Ostrecht VI/2, 1965, S. 123—146; Ders., Die Generalklauseln im polnischen Zivilgesetzbuch, Jahrbuch f. Ostrecht VII/1, 1966, S. 183—197.

[8] *S. D. Gogos*, Das Zivilgesetzbuch von Griechenland, Materialien zum ausländischen und internationalen Privatrecht, Berlin/Tübingen 1951, S. VII. Das deutsche Recht ist nicht rezipiert worden, es hat vielmehr nur als Vorbild gedient wie im übrigen auch das französische und schweizerische Zivilrecht.

[9] Die Notwendigkeit und Zweckmäßigkeit eines vorausgeschickten allgemeinen Teiles ist seit langem umstritten; die Gründe und Gegengründe sind hinreichend bekannt. Geschichtlich betrachtet ist er nicht etwa durch das ältere Pandektensystem vorgegeben, sondern dem „Grundriß eines Systems des gemeinen Zivilrechts“ entnommen, den auch *G. A. Heise* seinen Pandektenvorlesungen zugrundelegte. Dieses System hat später die Kodifizierung des Zivilrechts übernommen, womit auch der allgemeine Teil gleichsam vor die Klammer gesetzt wurde.

[10] *Gliederung des BGB:*

Erstes Buch:	Allgemeiner Teil	§§	1— 240
Zweites Buch:	Recht der Schuldverhältnisse		241— 853
Drittes Buch:	Sachenrecht		854—1296
Viertes Buch:	Familienrecht		1297—1921
Fünftes Buch:	Erbrecht		1922—2385

Gliederung des Zivilgesetzbuches von Griechenland:

Erstes Buch:	Allgemeiner Teil	Art.	1— 286
Zweites Buch:	Recht der Schuldverhältnisse		287— 946
Drittes Buch:	Sachenrecht		947—1345
Viertes Buch:	Familienrecht		1346—1709
Fünftes Buch:	Erbrecht		1710—2035

Das schweizerische Recht, das die Materie des Zivilrechts auf zwei Kodifikationen verteilt, und zwar auf das Zivilgesetzbuch von 1907 und das Obligationenrecht von 1911, beruht im Ergebnis auch auf der 5-Bücher-Einteilung, vermeidet aber die Voranstellung eines allgemeinen Teiles.

Das Zivilgesetzbuch stellt seinen vier Teilen, nämlich dem Personenrecht, dem Familienrecht, dem Erbrecht und dem Sachenrecht lediglich eine Einleitung in den Art. 1—10 voran, welche die Anwendung des Rechts, den Inhalt der Rechtsverhältnisse, das Verhältnis zu den Kantonen, allgemeine Bestimmungen des Obligationenrechts und Beweisregeln zum Inhalt haben.

Das Personenrecht (Art. 11—89) des schweizerischen ZGB gliedert sich in zwei Titel: „Die natürlichen Personen" (Art. 11—51) und „Die juristischen Personen" (Art. 52—89). Der erste Titel behandelt das Recht der Persönlichkeit im ersten Abschnitt und die Beurkundung des Personenstandes im zweiten Abschnitt. In dem Kapitel „Das Recht der Persönlichkeit" wird diese zunächst im allgemeinen, sodann unter dem Gesichtspunkte ihres Schutzes geregelt. Am Schlusse steht der „Anfang und das Ende der Persönlichkeit".

Das Familienrecht (Art. 90—456) wiederum erfährt eine Gliederung in das Eherecht, die Verwandtschaft und die Vormundschaft. Das Erbrecht (Art. 457—640) enthält Bestimmungen über die Erben und den Erbgang, wohingegen das Sachenrecht (Art. 641—977) das Eigentum, die beschränkten dinglichen Rechte, Besitz und Grundbuch regelt.

Einen selbständigen Teil bildet das Obligationenrecht, das folgendermaßen konstruiert ist: Die erste Abteilung (Art. 1—183) „Allgemeine Bestimmungen" behandelt die Entstehung der Obligationen, ihre Wirkung, ihr Erlöschen, die besonderen Verhältnisse bei Obligationen und die Abtretung von Forderungen sowie die Schuldübernahme. Die zweite Abteilung (Art. 184—551) „Die einzelnen Vertragsverhältnisse" enthält die verschiedenen Vertragsformen, der sich die dritte Abteilung (Art. 552—880) „Die Handelsgesellschaften, Wertpapiere und Geschäftsfirmen" anschließt.

4. Das 6-Bücher-System

Eine Besonderheit gilt für das italienische Zivilrecht. War der Codice civile von 1865 im wesentlichen dem Code civil nachgebildet, so fand im Codice civile von 1942 die pandektenwissenschaftlich orientierte Entwicklung ihren Abschluß, allerdings unter beträchtlichen Abweichungen vom System des deutschen BGB.

Das erste Buch „Die Personen und die Familie" (Art. 1—455) erfährt eine Gliederung in vierzehn Titel[11]. Das zweite Buch „Das Erbrecht" (Art. 456—809) beinhaltet in den Titeln 1—5 neben den allgemeinen Bestimmungen über die Erbfolge, die Regelung der gesetzlichen Erbfolge, der testamentarischen Erbfolge, der Erbteilung und der Schenkungen. Dem dritten Buch mit der Überschrift „Das Eigentum" (Art. 810—1172)[12] schließt sich als viertes Buch „Die Schuldverhältnisse" (Art. 1173—2059)[13] an. Das fünfte Buch regelt „Die Arbeit" in den Artikeln 2060—2642[14], dem als letztes Buch „Der Rechtsschutz" (Art. 2643—2696)[15] nachgeordnet ist[16].

---

[11]

1. Titel.	Die natürlichen Personen	Art.	1— 10
2. Titel.	Die juristischen Personen		11— 42
3. Titel.	Der Wohnsitz und Aufenthaltsort		43— 47
4. Titel.	Die Verschollenheit und Erklärung der Todesvermutung		48— 73
5. Titel.	Die Verwandtschaft und Schwägerschaft		74— 78
6. Titel.	Die Ehe		79— 230
7. Titel.	Die Abstammung		231— 290
8. Titel.	Die Annahme an Kindes Statt		291— 314
9. Titel.	Die väterliche Gewalt		315— 342
10. Titel.	Die Vormundschaft und Entlassung aus der väterlichen Gewalt		343— 399
11. Titel.	Die der öffentlichen oder privaten Fürsorge anvertrauten Minderjährigen und die Pflegekindschaft		400— 413
12. Titel.	Die Geisteskrankheit, Entmündigung und Beschränkung der Geschäftsfähigkeit		414— 432
13. Titel.	Der Unterhalt		433— 448
14. Titel.	Die Personenstandsurkunden		449— 455

[12] Das dritte Buch gliedert sich in folgende Titel:

1. Titel.	Die Sachen	Art.	810— 831
2. Titel.	Das Eigentum		832— 951
3. Titel.	Das Erbbaurecht		952— 956
4. Titel.	Die Erbpacht		957— 977
5. Titel.	Der Nießbrauch, das dingliche Nutzungs- und Wohnrecht		978—1026
6. Titel.	Die Grunddienstbarkeiten		1027—1099
7. Titel.	Die Gemeinschaft		1100—1139
8. Titel.	Der Besitz		1140—1170
9. Titel.	Die Anzeige neuer Arbeiten und eines befürchteten Schadens		1171—1172

[13] Das vierte Buch gliedert sich in folgende Titel:

1. Titel.	Die Schuldverhältnisse im allgemeinen	Art.	1173—1320
2. Titel.	Die Verträge im allgemeinen		1321—1469
3. Titel.	Die einzelnen Verträge		1470—1986
4. Titel.	Die einseitigen Versprechen		1987—1991
5. Titel.	Die Wertpapiere		1992—2027
6. Titel.	Die Geschäftsführung ohne Auftrag		2028—2032
7. Titel.	Die Zahlung einer Nichtschuld		2033—2040
8. Titel.	Die unberechtigte Bereicherung		2041—2042
9. Titel.	Die unerlaubten Handlungen		2043—2059

[14] Das fünfte Buch gliedert sich in folgende Titel:

1. Titel.	Die Ordnung der Berufsausübung	Art.	2060—2081
2. Titel.	Die Arbeit im Unternehmen		2082—2221

III. Das Privatrechtssystem der Zukunft

1. Vorbemerkungen

Die vorstehenden Einteilungen des zu gliedernden Rechtsstoffes[17] weisen in den westeuropäischen Gesetzbüchern trotz erheblichen Abweichungen weitgehende Übereinstimmungen in grundsätzlicher Hin-

---

3. Titel.	Die selbständige Arbeit	2222—2238
4. Titel.	Die abhängige Arbeit in besonderen Arbeitsverhältnissen	2239—2246
5. Titel.	Die Gesellschaften	2247—2510
6. Titel.	Die genossenschaftlichen Unternehmen und die Versicherungsgenossenschaften auf Gegenseitigkeit	2511—2548
7. Titel.	Die stille Gesellschaft	2549—2554
8. Titel.	Der Betrieb	2555—2574
9. Titel.	Die Rechte an Geisteswerken und an gewerblichen Erfindungen	2575—2594
10. Titel.	Die Regelung des Wettbewerbs und die Kartelle	2595—2620
11. Titel.	Strafbestimmungen auf dem Gebiete der Gesellschaften oder Genossenschaften sowie der Kartelle	2621—2642

[15] Das sechste Buch gliedert sich in folgende Titel:

1. Titel.	Die Eintragung	Art. 2643—2696
2. Titel.	Die Beweise	2697—2739
3. Titel.	Die Vermögenshaftung, die Gründe einer vorzugsweisen Befriedigung und die Erhaltung der vermögensrechtlichen Sicherheiten	2740—2906
4. Titel.	Der gerichtliche Schutz der Rechte	2907—2933
5. Titel.	Die Verjährung und die Verwirkung	2934—2969

[16] In dem Zusammenhange der Rechtsstoffgliederung ist auch das Zivilgesetzbuch der RSFSR von 1964 anzuführen. Die Einteilungsmethoden beschränken sich jedoch ebenso wie jene der übrigen „sozialistischen" Staaten naturgemäß auf den entsprechenden Rechtskreis, berühren daher nicht den übernationalen Systemansatz.

Dieses Zivilgesetzbuch gliedert sich in acht Abschnitte, denen eine Präambel vorangestellt ist.

Abschnitt I, Allgemeine Bestimmungen (Art. 1—91), beinhaltet folgende Kapitel:

Kap. 1.	Grundlegende Bestimmungen	Art. 1— 8
Kap. 2.	Personen	9—40
	1. Bürger	(9—23)
	2. Juristische Personen	(23—40)
Kap. 3.	Rechtsgeschäfte	41—61
Kap. 4.	Vertretung und Vollmacht	62—70
Kap. 5.	Berechnung der Fristen	71—77
Kap. 6.	Klageverjährung	78—91

Abschnitt II, Eigentum (Art. 92—157), ist folgend gegliedert:

Kap. 7.	Allgemeine Bestimmungen	Art. 92— 93
Kap. 8.	Staatseigentum	94— 98
Kap. 9.	Eigentum der Kolchosen, anderer genossenschaftlicher Organisationen und ihrer Vereinigungen	99—101
Kap. 10.	Das Eigentum der Gewerkschaften und sonstiger gesellschaftlicher Organisationen	102—104
Kap. 11.	Persönliches Eigentum	105—115
Kap. 12.	Gemeinschaftliches Eigentum	116—134
Kap. 13.	Erwerb und Verlust des Eigentums	135—150
Kap. 14.	Schutz des Eigentums	151—157

sicht auf. Überall sind es im Prinzip die gleichen Grundvorstellungen, die auf der Dreiteilung der Institutionen in personae, res, actiones beruhen. Demgemäß sind es, auf eine grundlegende Formel gebracht, zunächst drei Hauptgebiete: das Personenrecht, das Sachenrecht und ein dritter Teil, der „Gemeinschaftliche Bestimmungen" oder den „Eigentumserwerb" umfaßt.

Die Grundeinteilung in *Personenrecht* und *Sachenrecht* im Sinne von Vermögensrecht ist zwar im Laufe der Zeit Modifikationen und Präzisierungen gewichen. Es erhebt sich aber die Frage, ob die übliche Gegenüberstellung von Personenrecht und Sachenrecht den differenzierten

---

Der Abschnitt III gliedert das Schuldrecht (Art. 158—474) unter dem Gesichtspunkt der allgemeinen Bestimmungen über Schuldverhältnisse und der einzelnen Arten der Schuldverhältnisse.

1. Allgemeine Bestimmungen über Schuldverhältnisse

Kap. 15.	Entstehung der Schuldverhältnisse	Art. 158—167
Kap. 16.	Erfüllung	168—185
Kap. 17.	Sicherheiten	186—210
Kap. 18.	Forderungsabtretung und Schuldübergang	211—216
Kap. 19.	Haftung für Pflichtverletzungen	217—227
Kap. 20.	Erlöschen der Schuldverhältnisse	228—236

2. Einzelne Schuldverhältnisse

Kap. 21.	Kauf	237—254
Kap. 22.	Tausch	255
Kap. 23.	Schenkung	256—257
Kap. 24.	Lieferung	258—266
Kap. 25.	Staatlicher Ankauf landwirtschaftlicher Produkte bei den Kolchosen und Sowchosen	267—268
Kap. 26.	Darlehen	269—274
Kap. 27.	Sachmiete	275—294
Kap. 28.	Wohnraummiete	295—341
Kap. 29.	Leihe	342—349
Kap. 30.	Werkvertrag	350—367
Kap. 31.	Investitionsbauvertrag	368—372
Kap. 32.	Beförderung	373—385
Kap. 33.	Staatliche Versicherung	386—390
Kap. 34.	Verrechnungs- und Kreditverhältnisse	391—395
Kap. 35.	Auftrag	396—403
Kap. 36.	Kommission	404—421
Kap. 37.	Verwahrung	422—433
Kap. 38.	Gesellschaft	434—438
Kap. 39.	Preisausschreiben	439—443
Kap. 40.	Schuldverhältnisse aus Schadensverursachung	444—471
Kap. 41.	Schuldverhältnisse aus der Rettung sozialistischen Vermögens	472
Kap. 42.	Schuldverhältnisse aus ungerechtfertigter Bereicherung	473—474

Dem Abschnitt IV, Urheberrecht (Art. 475—516), schließen sich der Abschnitt V, Entdeckerrecht (Art. 517—519), der Abschnitt VI, Erfinderrecht (Art. 520—526), der Abschnitt VII, Erbrecht (Art. 527—561) und zuletzt Abschnitt VIII, Rechtsfähigkeit von Ausländern und staatenlosen Personen, Anwendung von Zivilgesetzen auswärtiger Staaten, von internationalen Verträgen und Vereinbarungen, in den Artikeln 526—569 an.

[17] Vgl. G. *Dahm*, Deutsches Recht, Teil IV. Persönlichkeit und Familie. Grundzüge des bürgerlichen Rechts, Stuttgart/Berlin/Köln/Mainz 1963, S. 406 ff.

Erscheinungen des Rechtslebens der Gegenwart noch gerecht wird, ob es nicht vielmehr bestimmte Lebensvorgänge und Bedürfnisse des Einzeldaseins und Gemeinschaftslebens sind, die das System beherrschen.

Im Grunde genommen ist die indifferente Bezeichnung Personenrecht soweit gefaßt, daß darunter alle persönlichen Verhältnisse und Eigenschaften der Personen, soweit sie rechtlich erheblich sind, gebracht werden können. Alle diese subjektiven Kriterien werden ohne Rücksicht auf ein sachlich einheitliches Objekt bestimmt. Die anderen Rechtsmaterien, wie z. B. das Sachenrecht, gehen vom Objekt aus, sodaß die Art des Objektes die Systematisierung der betreffenden Rechtsmaterie bestimmt. Hingegen ist das Personenrecht ein Rechtsgebiet ohne ein „sachlich einheitliches Objekt"[18]. Die Person ist vielmehr das Rechts*subjekt* im System der subjektiven Rechte. In diesem System werden die natürliche und die juristische Person (personne morale) als Rechtsträger grundsätzlich gleichgesetzt.

In Anbetracht der Schutzbedürftigkeit des Menschen unserer Zeit sollte nicht von der Person als *Rechtssubjekt,* sondern vom *Menschen* und der Notwendigkeit seines rechtlichen *Schutzes* ausgegangen werden. Dieser Schutzgedanke prägt sich auch im Prinzip der Solidarität aus[19].

Der einzelne bedarf des Schutzes der Privatrechtsordnung im Gesamtbereich seiner Lebenssphäre und im Gesamtablauf seines Daseins, und zwar nicht nur um seiner selbst willen, sondern um der Gesellschaft willen, deren Mitglied er ist, wie denn auch die Gesellschaft und „jedes einzelne ihrer Glieder für die soziale Existenz (ja mehr und mehr auch für den Wohlstand) jedes anderen Gesellschaftsgliedes" einzustehen hat[20]. Mit der Sicherung des einzelnen durch das Mittel des Privatrechts wird zugleich die soziale Sicherheit angestrebt.

2. Übernationaler Systemansatz

I. Buch

Der Schutz der Person

a) Schutz „ex natura" und „ex familia"

Die Schutzbedürftigkeit resultiert aus einer Reihe von natürlichen Gegebenheiten des Daseins des Individuums[20a]. Unter ihnen stehen an

---

[18] *J. Szachulowicz,* Der Gegenstand des polnischen Zivilrechts, Jahrbuch für Ostrecht 1960, S. 169.

[19] *Wieacker,* a.a.O. S. 621.

[20] *Wieacker,* a.a.O. S. 621.

[20a] Zur revolutionären Familiengesetzgebung in Sowjetrußland s. *W. Müller - Freienfels,* in: Ius privatum gentium II, a.a.O. S. 850 ff.

erster Stelle persönliche Eigenschaften wie Minderjährigkeit, körperliches und geistiges Gebrechen. Nach schweizerischem Recht gilt als handlungsunfähig diejenige Person, die nicht *urteilsfähig* oder die unmündig oder entmündigt ist (Art. 17 ZGB). Urteilsfähig ist jeder, dem wegen seines Kindesalters oder infolge von Geisteskrankheit, Geistesschwäche, Trunkenheit oder ähnlichen Zuständen die Fähigkeit mangelt, vernunftgemäß zu handeln. Der Schutzgedanke wird in allen diesen und ähnlichen Fällen durch das Institut der gesetzlichen Vertretung, Vormundschaft, Pflegschaft usw. verwirklicht. Das argentinische Zivilrecht zählt einzelne Kategorien auf: „De los menores" (Art. 126 ff.), „De los dementes e inhabilitados" (Art. 140 ff.), „De los sordomudos" (Art. 153 ff.).

Damit ist ohne weiteres der Übergang zum Familienrecht gegeben, das in diesem Rahmen ebenfalls unter verschiedenartigen Schutzgedanken, wie dem der elterlichen Schutz- und Erziehungsgewalt, steht. Darüberhinaus besteht zwischen dem Recht der Einzelperson und dem Familienrecht von vornherein ein rechtsgrundsätzlicher und natürlicher Zusammenhang, weil jeder Mensch in irgendeine Familie hineingeboren wird. Somit hängt auch seine ursprüngliche Rechtsstellung, worauf besonders neuerdings *Dölle* hingewiesen hat[20b], vielfach von der Gestaltung der familienrechtlichen Verhältnisse ab. Im ganzen wird der Zusammenhang zwischen Personenrecht und Familienrecht unter dem Gesichtspunkt des Statusrechts offensichtlich, denn dem Familienrecht fällt nach einem Wort von *Gernhuber*[20c] die Aufgabe zu, den Personenstand jedes Menschen zu bestimmen, eine Standortbestimmung, die in alle Lebensbereiche hineinragt.

Ein bedeutsames Anliegen der zukünftigen Familienrechtsdogmatik besteht darin, die Eigenart des familienrechtlichen Schutzes in den in Betracht kommenden Verhältnissen näher zu erläutern. Was in dieser Hinsicht den Eheschutz angeht, so ist zu unterscheiden zwischen dem Schutz der Rechte eines der Ehegatten und der ehelichen Gemeinschaft überhaupt. Gesetzliche Ermächtigungen für Eheschutzmaßnahmen enthalten z. B. der kalifornische Code of Civil Procedure (§ 1769) sowie das schweizerische Recht (Art. 169 II ZGB)[20d]. Der gesamte Eheschutz läßt sich jedoch nicht vom Gedanken subjektiver Rechte der Ehegatten lösen. Insofern ist das absolute Recht der Ehegatten nach außen von den Rechten zu unterscheiden, die den Ehegatten untereinander zustehen. In letzter Hinsicht ist es vor allem der Gedanke, daß der eine

---

[20b] *H. Dölle*, Familienrecht, Bd. I, Karlsruhe 1964, S. 4.

[20c] *J. Gernhuber*, Lehrbuch des Familienrechts, München u. Berlin 1964, S. 6 ff.

[20d] Einen Versuch einer systematischen Ordnung der Eheschutzmaßnahmen unternimmt *P. H. Neuhaus*, Privatrecht und Stabilität der Ehen in rechtsvergleichender Sicht, in: Ius privatum gentium II, a.a.O. S. 953 ff.

Teil dem anderen Schutz und Beistand für Person und Vermögen schuldet. Der Gedanke des gegenseitigen Schutzes kommt besonders im österreichischen Eherecht zum Ausdruck: „Die Familienverhältnisse werden durch den Ehevertrag gegründet. In dem Ehevertrage erklären zwei Personen verschiedenen Geschlechtes gesetzmäßig ihren Willen, in unzertrennlicher Gemeinschaft zu leben, Kinder zu zeugen, sie zu erziehen, und sich *gegenseitig Beistand* zu leisten" (§ 44 ABGB).

b) *Schutz der Wohnung*

Im Bereich des Personenrechts herkömmlicher Gestalt ist es üblich, den Personenstand näher zu bestimmen. Hiermit werden die Vorschriften über den Wohnsitz der Person verbunden.

Im Hinblick auf die heutigen Wohnverhältnisse liegt es nahe, mit dem Recht des Wohnsitzes das Recht der Wohnung systematisch zu vereinigen. Hierdurch tritt der rechtliche Schutz der Wohnung in den erörterten Gedankenkreis. Das Wohnungsrecht umfaßt nicht nur das Mietrecht, sondern alle Rechtsverhältnisse und -gebiete, die sich auf die Innehabung von Wohnungen beziehen. Was das Mietrecht betrifft, so ist nicht an den Mieterschutz gedacht, wie er mit der Wohnungszwangswirtschaft verbunden gewesen ist oder noch verbunden ist. Der Weg führt vielmehr von der Wohnungszwangswirtschaft zum *sozialen* Miet- und Wohnrecht. Auch in dieser Hinsicht gilt, was in Ansehung des Arbeitsrechts ausgeführt werden wird, daß nämlich die Tendenz zu einem *allgemeinen Wohnungsrecht* die Spaltung in öffentliches und privates Recht überwindet. Innerhalb des Zivilrechts ist es nicht nur das Mietrecht, sondern auch das Wohnungseigentumsrecht, das dem Schutz der Wohnung dient. Denn ob Miete oder Eigentum, im Vordergrunde steht die Wohnung als räumlicher Mittelpunkt der Lebensbeziehungen der Person.

c) *Schutz gegen Delikt*

In einem anderen Sinn ist der Schutzgedanke als Achtung und Wahrung der Rechtssphäre des einzelnen zu verstehen, wie es das Wort verlangt: „neminem laedere", hier auf die Formel gebracht: Schutz gegen deliktische Beeinträchtigung. Bei solcher Betrachtungsweise löst sich das Deliktsrecht aus dem Schuldrecht, um in dem Rechtsgebiet seinen Platz zu nehmen, das als privatrechtlicher Schutz des einzelnen oder *Rechtsschutz* der Person bezeichnet wird.

Im herkömmlichen System des Rechts der Schuldverhältnisse steht das Deliktsrecht mit dem Vertragsrecht zusammen innerhalb derselben Klammer, vor welcher mitunter noch der allgemeine Teil des Schuldrechts steht. Nach der Reihenfolge der Gesetzessystematik wird zuerst das Vertragsrecht in spezialisierter Regelung vorweggenommen und dann — in relativ gedrängter Zusammenfassung — das Deliktsrecht nachgeführt, man könnte sagen, gleichsam angehängt, ähnlich wie das Kondiktionsrecht (vgl. z. B. §§ 823 ff. BGB).

Gegen diese Ordnung der Dinge lassen sich vom rechtsgrundsätzlichen Standpunkt Bedenken herleiten, weil das verbindende Glied lediglich der Oberbegriff Schuldverhältnis als gemeinsamer Rahmen für alle Obligationen ist. Geht man aber vom Wesen der Sache, d. h. vom inneren Grund des Deliktsrechts und damit der ratio des Deliktsschutzes aus, so besteht eine offensichtliche und tiefgreifende Verschiedenheit der beiden Wurzeln. Der Schutz gegen deliktische Beeinträchtigungen beruht gegenüber der Vertragshaftung auf einem allgemeineren Prinzip, weil er die gesamte Individualrechtssphäre gegen „zurechenbare Schädigungen" *(Larenz)* sichert. Dieser Ausgangspunkt ermöglicht es auch, den Schutz des allgemeinen Persönlichkeitsrechtes von vornherein in das Deliktsrecht einzubeziehen und damit das Recht auf Achtung der Menschenwürde und auf individuelle Entfaltung der Person zu garantieren, und zwar innerhalb der Privatrechtsordnung. Der Schutz ist auch insofern allgemeinerer Art, als er sich nicht auf zwischen bestimmten Personen bestehende vertragliche Rechtsbeziehungen beschränkt, sondern die Verletzungen absolut erfaßt, von welcher Seite sie auch kommen mögen.

Dem Geschützten steht der „Verantwortliche" gegenüber. Die „deliktische Verantwortlichkeit" ist nach dem Grundsatz der Verschuldenshaftung und der Gefährdungshaftung zu trennen. Die ständige Zunahme der „gefährlichen Kraft" nötigt wiederum vom Gedanken des Schutzes her zum Ausbau der *Gefährdungshaftung.*

d) Vertrauensschutz „ex contractu"

Die Vorschläge, die darauf zielen, das System des Vermögensrechts[21] dadurch neu zu gliedern, daß an die Stelle eines einheitlichen Obligationenrechts eine besondere „Schadensordnung" und „Vertragsordnung" gesetzt werden, decken sich im Ergebnis mit der angeregten Verselbständigung und Vorwegnahme des Deliktsrechts. Die beiden Gebiete werden gleichwohl durch die ihnen gemeinsame Vorstellung einer Verantwortlichkeit im Sinne der im französischen Recht entwickelten responsabilité délictuelle und contractuelle zusammengehalten. Es gilt, das Prinzip der *Verantwortlichkeit* im Aufbau des Privatrechts in grundlegender Weise zu festigen.

---

[21] *F. Wieacker,* Zum System des deutschen Vermögensrechts, Leipzig 1941, S. 50 ff. — *K. Larenz,* Lehrbuch des Schuldrechts I, 6. Aufl., München/Berlin 1963, S. 1.

Was die Vertragsordnung angeht, so gründet sie sich in erster Linie auf die Notwendigkeit eines lauteren Rechtsverkehrs und der Erhaltung des *Vertragsvertrauens*[22]. In dieser Hinsicht bedarf es entsprechender Gebote in einer *allgemeinen* Vertragsordnung. Insbesondere ist aus dem Gebot der Vertragstreue der Begriff des vertragstreuen Verhaltens und aus der Zuwiderhandlung der Begriff des „Vertragsbruches" (breach of contract), mit seinen rechtlichen Folgen gesetzlich abzuleiten. In die Regelung der allgemeinen Vertragsordnung gehören u. a. die Bestimmungen über das Zustandekommen und die Gültigkeit der Verträge, über Stellvertretung, Geschäftsgrundlage und Bedingungen. Überhaupt sind die dem Einzelinteresse übergeordneten Grundsätze des Vertragsrechts der Regelung der einzelnen Verträge vorwegzuziehen. Dieser Vorschlag bedeutet aber nicht, daß ein allgemeiner Teil des Schuldrechts und ein besonderer nebeneinander stehen sollen, wie noch zu zeigen sein wird. Vielmehr erstreckt sich diese Materie über das ganze System.

e) Schutz des Eigentümers

Damit ist die Brücke zum Sachenrecht, besonders zum Eigentumsrecht und seiner zivilrechtlichen Grundlegung, geschlagen. Der Schutzgedanke findet hier seine *privatrechtliche* Ausgestaltung neben der *verfassungsrechtlichen* Gewährleistung des Eigentums. Im rechtspolitischen Vordergrunde steht der negatorische Abwehranspruch des Eigentümers. Die Ausdehnung der „actio negatoria" auf jeden Eingriff in gesetzlich geschützte Rechtsgüter, nicht nur in absolute Rechte, bedeutet zugleich eine Erweiterung des Schutzes der Individualrechtssphäre im Wege angebrachter Analogie.

In Ansehung des Grundeigentums übt das *Grundbuch* eine Schutzfunktion ersten Ranges aus. Im Hinblick auf Bestrebungen, die auf Beseitigung dieser Einrichtung mancherorts gerichtet sind, ist die Institution besonders zu schützen.

Mit dem Eigentumsschutz geht der Besitzschutz Hand in Hand. Einbezogen wird der nachbarrechtliche Schutz, den hier auch die Dienstbarkeiten in ihren nachbarlichen Anwendungsformen verwirklichen.

Es mag wunder nehmen, daß unter der Überschrift „Schutz der Person" sachenrechtliche Einrichtungen stehen. Ihre Rechtfertigung findet diese Umschichtung darin, daß letztlich das Eigentumsrecht nicht nur ein Herrschaftsrecht über eine Sache ist, sondern die *rechtliche Zuge-*

---

[22] *A. Meier-Hayoz,* Das Vertrauensprinzip beim Vertragsabschluß, Züricher Beiträge zur Rechtswissenschaft, Heft 151, Aarau 1948. — *H. Eichler,* Die Rechtslehre vom Vertrauen, Tübingen 1950, S. 1 ff. — *G. v. Craushaar,* Der Einfluß des Vertrauens auf die Privatrechtsbildung, München 1969.

hörigkeit einer Sache zu einer *Person* bedeutet. In Rechtsordnungen, die das „Privateigentum“ verneinen, ist für die Auffassung, daß die Sachgüter in dieser Weise den Menschen zugeordnet sind und deshalb ihnen „gehören“, nur wenig Raum. Die Definition impliziert daher gedanklich die Anerkennung „individueller Rechte“ an Sachen durch die vorgegebene Verfassung[23]. Das *persönliche* Eigentum drückt die Beziehung zur Person aus.

f) Schutz der Arbeit

In der Vertragsordnung nehmen die Dienst- und Arbeitsverträge aus oft dargestellten Gründen eine Sonderstellung ein. Das Arbeitsrecht hat sich mehr und mehr aus dem Zusammenhang des bürgerlichen Rechts gelöst und zu einem Rechtsgebiet sui generis entfaltet.

Unter diesem Gesichtspunkt verdienen die österreichischen Bestrebungen, die auf eine Kodifizierung des Arbeitsrechts gerichtet sind, Beachtung (Teilentwürfe I und II)[24]. Ansätze der Eingliederung des Arbeitsrechts enthält das italienische Zivilgesetzbuch, das „Die Arbeit im Unternehmen“ nach der Ordnung der Berufsausübung regelt[25]. Nach Art. 2060 C. c. wird jede Arbeit, ob sie geistiger, technischer oder körperlicher Art, ob sie organisatorischer oder ausführender Art ist, zivilrechtlich geschützt.

Zu erwägen ist, ob etwaige künftige Arbeitsrechtskodifikationen „en bloc“ in das bürgerliche Gesetzbuch eingefügt werden oder als Gesetzbuch der Arbeit selbständig bleiben. Vom Standpunkt unserer Betrachtungsweise ist die erste Alternative vorzuziehen, weil das Individuum durch seine Arbeit die Persönlichkeit in besonders bestimmender Weise verwirklicht. Kein Hinderungsgrund besteht darin, daß diese oder jene Bestimmung öffentlichrechtlicher Natur ist, da jedenfalls die Ausgangsbasis, der Arbeitsvertrag, privatrechtlicher Natur ist. Dem ersten Teilentwurf für ein österreichisches Arbeitsgesetzbuch liegt beispielsweise die Erwägung zugrunde, daß die öffentlichrechtlichen Arbeitnehmer*schutz*vorschriften zugleich gewissermaßen eine privatrechtliche Fürsorgepflicht des Arbeitgebers darstellen, so daß Schutzvorschriften die-

---

[23] *F. Baur*, Lehrbuch des Sachenrechts, München und Berlin 1960, S. 1.

[24] *R. Strasser*, Einführung in das österreichische Arbeitsrecht, Schriftenreihe des ÖGB, Wien 1963, S. 13 u. 19 ff., mit weiteren Angaben. — sowie *O. Martinek*, Grundgedanken des I. Teilentwurfes für ein österreichisches Arbeitsgesetzbuch, Das Recht der Arbeit 1962, S. 180, mit Hinweisen auf die arbeitsrechtliche Spezialliteratur.

[25]

1. Titel.	Die Ordnung der Berufsausübung	Art. 2060—2081
2. Titel.	Die Arbeit im Unternehmen	2082—2221
3. Titel.	Die selbständige Arbeit	2222—2238
4. Titel.	Die abhängige Arbeit in besonderen Arbeitsverhältnissen	2239—2246

ser Art zugleich Rechte und Pflichten innerhalb des Arbeitsverhältnisses zu begründen vermögen. Auf diese Weise wird das *Arbeitsschutzrecht* in das Arbeitsvertragsrecht integriert[26]. Über die Gestaltung des Arbeitsvertragsrechts hinaus wirkt der Gedanke, daß sich das Privatrecht des Wertes der Arbeit im Leben des einzelnen in gebührender Weise anzunehmen hat. Der Arbeitnehmer ordnet sich persönlich in den Produktionsbereich des Arbeitgebers ein und überantwortet sich damit diesem wirtschaftlichen Funktionsbereich. Mit Recht ist hieraus eine persönliche Verbundenheit der Vertragsparteien i. S. eines personenrechtlichen Verhältnisses hergeleitet worden. Besonders der Umstand, daß die normierten Arbeitsverträge den Tätigkeitsbereich des Arbeitnehmers ordnen und „seine Stellung darin sichern“, hat dazu Veranlassung gegeben, daß das Arbeitsrecht im ganzen zum Personenrecht gerechnet wird[27]. Hieraus folgt, daß das Arbeitsrecht weniger vom Gegenstande als von dem Kreis der beteiligten Personen zu erläutern ist[28]. Auch die Wertung des Arbeitnehmers als selbständiger Persönlichkeit, und zwar nicht nur im einzelnen Arbeitsverhältnis, sondern auch in der betrieblichen Stellung, besonders unter dem Gesichtspunkt der Mitbestimmung, offenbart den personenrechtlichen Zug.

g) Der Schutz des Unternehmers

Das Recht der Arbeit leitet ohne weiteres zum Begriff des Unternehmens und des Unternehmers über. Das italienische Recht behandelt das Recht der Handelsunternehmungen vor dem Gesellschaftsrecht (vgl. Art. 2188). Unternehmer ist hiernach, wer in berufsmäßiger Weise eine wirtschaftliche Tätigkeit ausübt, die der Erzeugung oder dem Handel mit Gütern oder Dienstleistungen dient (Art. 2082). In der rechtswissenschaftlichen Erörterung wird hingegen im allgemeinen weniger vom Unternehmer als vom Unternehmen gesprochen. Im Anschluß an die Definition des Unternehmens tritt die Notwendigkeit seines rechtlichen Schutzes auf[29]. Der gesetzliche Schutz des Unternehmers würde in gewisser Weise die Gesetze des gewerblichen Rechtsschutzes ergänzen. Dies wird durch die Konstruktion offensichtlich, wonach im Recht am Unternehmen einerseits „das Persönlichkeitsrecht an der Unternehmertätigkeit“, andererseits „das Immaterialgüterrecht am objektivierten Tätigkeitsbereich“ miteinander verbunden sind[30].

---

[26] *O. Martinek,* a.a.O. S. 184 ff.

[27] So bes. *A. Nikisch,* Arbeitsrecht, I. Bd., 3. erw. Aufl., Tübingen 1961, S. 49.

[28] s. hierzu auch *A. Hueck - H. C. Nipperdey,* Lehrbuch des Arbeitsrechts, I. Bd., 7. neubearb. Aufl., Berlin u. Frankfurt a. M. 1963, S. 3 ff.

[29] Vgl. zum Ausmaß BGH. 3, 279; 8, 144; 14, 304; 23, 161; 24, 200.

[30] s. *H. Hubmann,* a.a.O. S. 59.

Das Recht des gewerblichen Rechtsschutzes als eines Nebengebietes des bürgerlichen Rechts ist ohnedies nach dem allgemeinen Grundgedanken des Systems unter dem Titel „Schutz der Person“ zu regeln, und zwar im Zusammenhang mit dem Persönlichkeitsrecht.

Die rechtswissenschaftliche Erörterung des Unternehmensrechts hat immer wieder Veranlassung zu der Frage gegeben, ob das Unternehmen ein geeigneter Beziehungspunkt für die Entfaltung eines in sich geschlossenen Handelsrechts sei[31]. Hiervon unabhängig ist zu beurteilen, ob das Handelsrecht in das bürgerliche Recht im Sinne der Einheit der Privatrechtsordnung integriert wird, was in der Linie der Entwicklung liegt.

Das Recht des Unternehmens umfaßt die gesamte Organisation. Firmen-, Register- und Vertretungsrechte sind Beispiele hiefür.

h) Vereinigungen von Personen

aa) Der Rechtskreis des einzelnen umschließt im weiteren Sinne auch diejenigen Rechtsbeziehungen, die ihn mit anderen Personen durch eine Zusammenschließung verbinden. Von seiner Rechtsstellung aus gesehen, ist es die *Mitglied-* oder *Teilhaberschaft,* die ihm innerhalb der Vereinigung entsprechende Rechte gewährt und Pflichten auferlegt. Diese richten sich nach dem Rechtscharakter der Organisation.

Beruht sie auf einer körperschaftlichen Verfassung, so bestehen in erster Linie Rechtsbeziehungen zwischen der Vereinigung — (association) — bzw. ihren Organen einerseits und dem Mitglied andererseits. Verpflichten sich jedoch die Teilhaber *gegenseitig,* zur Erreichung eines gemeinschaftlichen Zweckes zusammenzuwirken, so entbehrt die Vereinigung (Gesellschaft, société) eines übergeordneten Ganzen als selbständiger Einheit. Die rechtliche Bindung wurzelt ausschließlich in dem Gesellschaftsvertrag.

So stellt sich im wesentlichen der Rechtszustand nach deutschem Recht dar, wonach zwischen juristischen Personen (§§ 21 ff. BGB) und Gesellschaften (§§ 705 ff. BGB) getrennt wird. Es bedeutet allerdings eine Konzession an den Begriff der juristischen Person, daß die Gesellschafter in ihrer Verbundenheit an dem Gesellschaftsvermögen gemeinschaftlich berechtigt erscheinen und daß die Teilhaber einer OHG unter der Firma Rechte erwerben und Pflichten eingehen können.

---

[31] Zu der Rechtsdogmatik s. neuerdings *P. Raisch,* Geschichtliche Voraussetzungen, dogmatische Grundlagen und Sinnwandlung des Handelsrechts, Karlsruhe 1965, S. 146 ff. mit zahlreichen Literaturnachweisen.

Zu vermissen ist in dieser Abhandlung eine eingehende Auseinandersetzung mit der für die Thematik sehr bedeutsamen Problematik des Verhältnisses der Handelsgesellschaften zu den Vereinen und Gesellschaften nach bürgerlichem Recht.

Das Merkmal der juristischen Person (personnalité morale) ist nur ein rechtstechnischer Begriff, der letztlich um der Zuerkennung der Rechtssubjektivität willen geschaffen ist. Dies kommt im § 26 des ABGB, der unter der Überschrift steht „Aus dem Verhältnisse einer moralischen Person", in der Formulierung zum Ausdruck, daß „die Rechte der Mitglieder einer erlaubten Gesellschaft unter sich durch den Vertrag oder Zweck und die besonderen für dieselben bestehenden Vorschriften" bestimmt werden und daß „erlaubte Gesellschaften in der Regel gleiche Rechte mit den einzelnen Personen" genießen[32]. Hieraus erklärt sich auch die Gegenüberstellung von natürlichen und juristischen Personen.

bb) Welchen Vereinigungen die Qualität einer Rechtsperson, die sogenannte „Rechtspersönlichkeit" zukommt, ist von Rechtsordnung zu Rechtsordnung verschieden geregelt. So ist z. B. nach deutschem Recht die Rechtsfähigkeit kein Begriffsmerkmal des Vereins, denn das Gesetz kennt auch nicht rechtsfähige Vereine. Nach französischem Recht wohnt im Gegensatz zum deutschen Recht auch den Gesellschaften eine „personnalité juridique" inne. Die französische Theorie der juristischen Person betont, daß sowohl in den associations als auch sociétés die Mitglieder und Teilhaber *individuelle* Rechte haben, die ihnen nicht durch die „volonté *generale*" genommen werden können[32a]. Die Organisationsform tritt also gegenüber dem Rechtsstatus des einzelnen zurück.

Damit ist die Problematik des Rechtsschutzes berührt. Innerhalb des Vereinsrechts geht es um die Schutzwürdigkeit des Individuums im Verhältnis zu den Verbänden und ihren Organisationen, um den Rechtsschutz des Mitgliedes gegenüber der Verwaltung der Verbände.

Im Gesellschaftsrecht nimmt der Schutzgedanke eine andere Gestalt an, weil eine körperschaftliche Organisation im Sinne des Vereinsrechts nicht existiert. Unter den Gesellschaftern besteht ein persönliches Vertrauensverhältnis auf Grund des personenrechtlichen Charakters der Bindung, die sie durch den Gesellschaftsvertrag eingegangen sind.

Im Prinzip handelt es sich hier wie dort darum, daß die Privatrechtsordnung die Zusammenarbeit für gemeinsame Zwecke ermöglicht, und zwar im Sinne einer „Kooperation in Freiheit"[32b]. Denn das bürgerliche Recht legt nicht nur den Inhalt subjektiver Rechte fest, sondern schafft auch die Organisationsformen für eine gemeinsame Zweckerreichung,

---

[32] Vgl. hierzu *R. Ostheim*, Zur Rechtsfähigkeit von Verbänden im österreichischen bürgerlichen Recht. Ein Beitrag zur Auslegung des § 26 ABGB, Wien/New York 1967.

[32a] *Planiol - Ripert - Boulanger*, a.a.O. S. 195 f. Nr. 416.

[32b] *H. Coing*, Bemerkungen zum überkommenen Zivilrechtssystem, in: Vom deutschen zum europäischen Recht, Festschrift für *H. Dölle*, Bd. I, Tübingen 1963, S. 39.

wie sie im Rahmen des Vereins- und Gesellschaftsrechts gewährleistet wird[33]. Die Problematik wird oft unter dem Stichwort „Die Macht der Verbände“ behandelt.

i) Zusammenfassung

Die Vielgestaltigkeit der Schutzgedanken macht eine zusammenfassende Gliederung erforderlich. Den Ausgangspunkt bildet der Schutzgedanke, der „ex natura“ und „ex familia“ abgeleitet und auf die Wohnung ausgedehnt wird. Hieran schließt sich der delikts- und vertragsrechtliche Schutz der Sphäre des Individuums. Die Schutzprinzipien gehen zwar aus verschiedenen Wurzeln hervor, werden aber durch den Begriff der *Verantwortlichkeit* zusammengehalten.

Der zivilrechtliche Schutz des Eigentümers und Besitzers fußt auf dem Fundament der Privateigentumsordnung, die die Anerkennung individueller Rechte an den Sachgütern voraussetzt. Schuld- und Sachenrecht werden daher in diesem Zusammenhang nur unter dem erörterten Rechtsgrundsatz geregelt. Lediglich diejenigen Vertragsarten, die innerhalb der persönlichen Rechtssphäre sozialen Schutz gewähren, wie Arbeits- und Mietverträge, werden um des Wertes der Arbeit und der Wohnung willen, nicht um der dogmatischen Figur des Vertrages willen, hier einbezogen. Der funktionelle Zusammenhang zwischen Arbeit, Betrieb und Unternehmen schlägt sich zugleich im Schutz und der Organisation des Unternehmens nieder. Zuletzt geht es um den Schutz des einzelnen innerhalb der Verbände und Gesellschaften.

II. Buch

Rechtsverkehr

I. Abschnitt: Vertragsrecht

Vorbemerkungen

Im vorgeschlagenen Systemmodell fehlt eine geschlossene Regelung des Schuld- und Sachenrechts. Beide Gebiete gehen durch das Ganze. Das Vertragsrecht bildet also zugleich einen Teil des Buches „Schutz der Person“ und des Buches „Rechtsverkehr“. Andererseits unterscheidet es sich nunmehr von einem Obligationenrecht, das alle Schuldverhältnisse umschließt. Das System des deutschen BGB, wonach das Recht der

---

[33] s. zum speziellen Gebiet der Vereinsstrafe *U. Meyer-Cording*, Die Vereinsstrafe, Tübingen 1957.

Schuldverhältnisse das Deliktsrecht und das Bereicherungsrecht umfaßt, wird aufgegeben. Das vorgeschlagene System fußt auf zwei Säulen: einerseits auf der Art und Weise des Abschlusses der Verträge, andererseits auf der hergebrachten Vertragssystematik, die auf der Grundeinteilung in Liefer- und Dienstleistungsverträge beruht, von denen allerdings die Arbeitsverträge bereits ausgeschieden sind. Was die zunächst genannte Einteilung angeht, so differenzieren wir die Vertragsgrundform von dem qualifizierten Vertrag, der eine notwendige Unternehmerbeteiligung impliziert. Im deutschen bürgerlichen Recht ist es die Unterscheidung zwischen dem bürgerlichrechtlichen Kauf und dem Handelskauf. Als dritte Form tritt daneben der Vertrag nach einem einseitigen Einheitsentwurf. Diese Kategorie betrifft die Standardisierung der Verträge. Es handelt sich um die im deutschsprachigen Schrifttum sogenannten „Allgemeinen Geschäftsbedingungen". Im Rahmen rechtsvergleichender Betrachtung ist unlängst mit Recht wiederholt darauf hingewiesen worden, daß auch der Abschluß des standardisierten Vertrages unter die Privatautonomie fällt, so daß der Ursprung der später entstehenden Verpflichtung stets vertraglicher Art ist. Es ist sogar die in Rede stehende Standardisierung als ein „Symptom für die universale Herrschaft der Verträge" angesehen worden[33a]. Deshalb kommt es in Zukunft darauf an, die Allgemeinen Geschäftsbedingungen nicht als eine außerhalb des Schuldrechts, insbesondere des Vertragsrechts, stehende Erscheinung zu betrachten, sondern sie unter dem Gesichtspunkt eines Bestandteiles einer eigenartigen Vertragsform privatrechtlich zu kontrollieren, und zwar als einer Vertragsform, die als der Vertrag nach einseitigem Einheitsentwurf bezeichnet wird. Das dogmatische Schwergewicht liegt nicht auf der Art und Weise des Zustandekommens eines solchen Vertrages, der in allgemeinen Bedingungen wurzelt, sondern auf seiner inhaltlichen Vereinbarkeit mit den materiellrechtlichen Vertragsbestimmungen. Unter diesem Gesichtspunkt läßt sich rechtsgrundsätzlich das Verhältnis von Privatrecht und Wirtschaft neu bestimmen, weil das System der Verträge als eine privatrechtliche Ordnung der Wirtschaftsordnung aufgefaßt wird. Es ist die unlängst vorgetragene Anschauung, daß der einzelne Vertrag „als wirtschaftlicher Vorgang und als rechtliches Phänomen vom Ganzen der Wirtschafts- und Sozialpolitik her gesehen" wird[33b]. Unter diesem Aspekt ist der Vertrag „der für das Ganze in der existenten Summierung entscheidende ökonomisch-soziale Akt"[33c].

[33a] *W. Seagle*, Weltgeschichte des Rechts, 3. Aufl., München und Berlin 1967, S. 409.

[33b] *K. Zweigert*, „Rechtsgeschäft" und „Vertrag" heute, in: Ius privatum gentium II, a.a.O. S. 501.

[33c] *K. Zweigert*, a.a.O. S. 501.

Von diesem Ausgangspunkt werden im vorliegenden Abschnitt „Vertragsrecht“ diejenigen Vertragstypen zusammengefaßt, die die privatrechtlichen Formen derjenigen wirtschaftlichen Vorgänge sind, die in ihrer Verbundenheit und Gesamtheit den ökonomischen Gesamtprozeß darstellen. Das Vertragssystem wird unter diesem allgemeinen Aspekte zu einer normativen Grundlage der wirtschaftlichen Entfaltung des einzelnen im Rahmen der Gesamtheit. Aber diese Ordnung wird nicht nur aus wirtschaftlichen Gegebenheiten und Abläufen gewonnen. Im rechtsdogmatischen Fundament ist sie auf eine geschichtlich gewachsene Systematik der Verträge gegründet, die bereits im römischen Recht angelegt ist. Worauf es ankommt, ist lediglich, den Bezug der Vertragsordnung zum Gesamtgeschehen der Wirtschaft mehr als seither beim Aufbau des Systems des bürgerlichen Rechts herzustellen und die Vertragsfunktion unter dem Gedanken der „Vertragsgerechtigkeit“[33d] zu verstehen. Damit ist zugleich das Prinzip der Vertragsfreiheit[33e], das ohnehin dem öffentlichen Recht näher steht als dem Privatrecht, durch den Gedanken der Vertragsadäquanz ersetzt worden.

Mit dem Rechtsgebiet des Wirtschaftsrechts deckt sich diese privatrechtliche Anschauungsweise nicht.

Mehr als bisher ermöglicht die Anknüpfung des Vertragssystems an die integrierten Wirtschaftsabläufe den Einbau der Wirtschaftsstufen und -zweige in die Privatrechtsordnung.

In den geltenden Zivilgesetzbüchern gelangt dieser Wirtschaftsaufbau nicht hinreichend zum Tragen. Insbesondere ist der Ablauf des wirtschaftlichen Geschehens von der Urproduktion und industriellen Fertigung über die verschiedenen Stufen des Handels bis zum letzten Abnehmer der hergestellten Waren nicht genügend berücksichtigt.

a) Kauf- und Werkverträge

Was den Kaufvertrag angeht, so stehen sich in Abstraktion die Rechte und Pflichten des Verkäufers und des Käufers gegenüber, ohne daß der Verschiedenheit des Vertragstypus Rechnung getragen wird, die sich aus der wandelbaren Funktion des Kaufvertrages als eines differenzierbaren Umsatzgeschäftes ergibt. So ist das übliche Bild. Vorauszusetzen ist, daß zwischen dem Kauf von Grundstücken und beweglichen

---

[33d] *L. Raiser*, Vertragsfunktion und Vertragsfreiheit: Hundert Jahre deutsches Rechtsleben, in: Festschrift zum 100jährigen Bestehen des Deutschen Juristentages, 1960, S. 101.

[33e] s. hierzu *W. Flume*, Allgemeiner Teil des Bürgerlichen Rechts, Bd. II, Das Rechtsgeschäft, Berlin/Heidelberg/New York 1965, § 1/8 S. 12 f.
Im Text ist eine Auseinandersetzung mit der Notwendigkeit des Begriffes Rechtsgeschäft vermieden worden, weil er ohnehin im gesetzlichen System nicht auftritt.

Sachen sowie Rechten systematisch *mehr* als bisher getrennt wird. Innerhalb dieser Ordnung ist ein besonderer Rechtstypus *Warenkauf* zu entwickeln. Es handelt sich hierbei um ein Vertragsgefüge, durch welches eine durchlaufende Verbindung zwischen dem Hersteller der Waren und ihrem Endverbraucher geschaffen wird. Die dazwischen liegenden Verträge zwischen dem Groß- und Einzelhändler erlangen ihre Bedeutung nur als Teilerscheinungen dieses durchlaufenden Absatzgeschäftes, sind also „Hilfsgeschäfte der vom Hersteller zum Verbraucher laufenden Warenverbindung“[34].

Sie stehen infolgedessen auf der Stufe von Zwischengebilden. Das letzte Glied in der Kette bilden die Letzt- oder Einzelkäufe als in sich geschlossene Verträge.

Es gibt aber auch Warengeschäfte außerhalb dieses Zusammenhanges, so z. B. der Herstellungsvertrag, der lediglich auf Herstellung und Lieferung gerichtet ist. Er wird zwischen dem Produzenten und Abnehmer abgeschlossen, ohne daß nach dem wirtschaftlichen Zweck eine Weiterveräußerung erfolgen soll. So z. B. in dem Fall, daß ein Unternehmen der Elektroindustrie einen Transformator für ein Elektrizitätswerk herstellt und liefert[35].

Eine solche Systematisierung der Kaufvertragstypen greift von vornherein auf den Werkvertrag über. Beim Herstellungsvertrag geht es nämlich um die Abgrenzung zwischen Kauf- und Werkvertrag. In dieser Hinsicht scheint die Regelung des österreichischen Rechts (§ 1166 ABGB) als Vorbild dienen zu können. Hiernach ist der Vertrag im Zweifel als Kaufvertrag zu behandeln, wenn derjenige, der die Verfertigung einer Sache übernommen hat, den Stoff dazu zu liefern hat, hingegen im Zweifel als Werkvertrag, wenn der Besteller den Stoff liefert[36].

---

[34] s. hierzu neuerdings *U. Diederichsen*, Die Haftung des Warenherstellers, München und Berlin 1967, S. 334 ff. — *S. Simitis*, Grundfragen der Produzentenhaftung, Tübingen 1965, S. 94 ff.; zur Rechtsvergleichung s. *E. Rabel*, Das Recht des Warenkaufs, 1. Bd., Berlin u. Leipzig 1936; 2. Bd., Berlin u. Tübingen 1958.

[35] Kaufverträge, die zwischen Personen abgeschlossen werden, die überhaupt außerhalb der Wirtschaftsstufen stehen, sind unter der „Vertragsgrundform“ zu behandeln.

[36] Treffend *Klang - Gschnitzer - Höller*, Kommentar zum Allgemeinen bürgerlichen Gesetzbuch, 2. neub. Aufl., 5. Bd., Wien 1954, § 1166: „Aber auch, wenn der Unternehmer den Stoff, aus dem die Sache zu erzeugen ist, zur Gänze geliefert hat, ist nur im Zweifel ein Kaufvertrag anzunehmen. Die Entscheidung, ob dies der Fall ist, hängt davon ab, ob der Besteller erkennbar gerade auf die Herstellung besonderes Gewicht legt, ob also gerade sie den Vertragsgegenstand bildet oder ob diese Herstellung ihm gleichgültig oder vielleicht gar, weil die von ihm gewollte Sache nicht schon vorhanden ist, eine unerwünschte Notwendigkeit ist. Im ersteren Fall liegt ein Werkvertrag, im letz-

Des Zwischengebildes eines Werklieferungsvertrages (§ 651 BGB) bedarf es daher nicht. Im übrigen kann in diesem Rahmen auf die Dogmatik des Werkvertrages nicht näher eingegangen werden. Angedeutet mag nur werden, daß die gesetzliche Formulierung „Herstellung eines Werkes" (§ 1151 Abs. 1 ABGB; § 631 Abs. 1 BGB) zu abstrakt ist, als daß sie der Vielfalt der hiervon betroffenen Erscheinungen des Wirtschaftslebens gerecht werden könnte. Weitere gesetzliche Differenzierungen und Typisierungen erscheinen daher geboten, so z. B. hinsichtlich der selbständigen oder untergeordneten Werkleistung, wie beim Maschinenkauf mit Montageverpflichtung, auch hinsichtlich der geistigen und körperlichen Werkleistung.

Nach der auf das Werkvertragsrecht übergreifenden Erörterung gewinnen wir wieder Anschluß an das Kaufrecht. Ein weiterer systematischer Anknüpfungspunkt auf der Preisseite des Vertrages sind die modernen Finanzierungsmethoden, die sich im Laufe der Zeit herausgebildet haben, ohne daß ihnen im Privatrecht Grenzen gesetzt wurden. So erscheint insbesondere eine Regelung solcher Käufe für erforderlich, zu deren finanzieller Abwicklung ein besonderes Finanzierungsinstitut eingeschaltet wird, das gleichsam als Drittbeteiligter des Kaufvertrages figuriert.

b) Kredit- und Verwahrungsverträge

Hiermit wird der Weg zum Kreditwesen eingeschlagen, so daß sich von selbst das Institut des Darlehensvertrages in diesem Gesamtzusammenhang anbietet[37].

---

teren in der Regel ein Kaufvertrag vor. Wer Seidenstoffe eines bestimmten Musters aus der Musterkarte des Veräußerers, Maschinen eines bestimmten Systems, Schuhe gewisser Art und Größe bestellt, wobei es ihm gleichgültig ist, ob sie alle oder einige von ihnen vom Lager geliefert oder von einem Dritten bezogen werden oder schon in der Erzeugung begriffen sind oder erst in Zukunft erzeugt werden, will kaufen. Wer aber eine Sache mit bestimmten *besonderen* Eigenschaften, die Gegenständen dieser Art im allgemeinen nicht eigen sind oder aus einem bestimmten individuellen Stoff, mag er sich diesen auch aus dem bei dem Unternehmer zur Verfügung Stehenden ausgewählt haben, der will notwendigerweise deren Herstellung, die geradezu zum Vertragsinhalt gemacht ist, sein Vertrag ist daher Werkvertrag, u. zw. auch, wenn das Werk, abgesehen davon, daß es gerade aus diesem Stück des Stoffes erzeugt werden soll, keinerlei Besonderheit aufweist."

[37] Wie bei der Kaufregelung die allgemeinen Lieferungsbedingungen von den besonderen Vereinbarungen zu trennen sind, so sind im Fall der Kreditierung die *allgemeinen* Darlehenszusagen von den besonderen zu scheiden. Vertragsordnung der Wirtschaft bedeutet nämlich nicht nur ein System von Individualverträgen, sondern zugleich ein System von Lieferungs-, Zahlungs-, Kredit-, Transport-, Versicherungsbedingungen usw. Innerhalb der Vertragsordnung der Wirtschaft sind die rechtlichen Grenzen zu ziehen, die den generellen Regelungen in den allgemeinen Bedingungen ex lege zu setzen sind. s. hierzu neuerdings *J. Schmidt-Salzer,* Das Recht der Allgemeinen Geschäfts- und Versicherungsbedingungen, 1967.

Die europäischen Zivilgesetzbücher pflegen das Darlehensrecht nur in wenigen Bestimmungen zu behandeln. Die Bedeutung des Kreditwesens erfordert indes eine ins einzelne gehende Regelung, darüber hinaus auch eine Verbindung des Darlehensrechts mit den Sicherungsgeschäften, insbesondere mit der Bürgschaft, dem Fahrnispfand und Grundpfand sowie der Sicherungsübereignung. Auch die handelsrechtlichen Besonderheiten der Verpfändung sind hier unterzubringen.

Der neue portugiesische Código Civil, in Kraft getreten am 1. Juni 1967, behandelt zwar das Darlehen (mútuo Art. 1142—1151) und die Sicherungsgeschäfte nicht im Zusammenhang, zieht aber die zuletzt genannten im allgemeinen Schuldrecht zusammen (garantia)[38].

Die Grundfigur des Darlehens bedarf der Konkretisierung nach wirtschaftlichen Gesichtspunkten. Wie im Bereich des Handels zur Charakterisierung der Typen der Kaufverträge nach Wirtschaftsstufen unterschieden wurde, so ist auch im Bereich des Kreditrechts eine Differenzierung nach dem Kreditgeber und Kreditnehmer erforderlich. Das

[38] Cap. V. — Garantia geral das obrigações ... Art. 601—622
Sec. I — Disposições gerais ... 601—604
Sec. II — Conservação da garantia patrimonial ... 605—622
Subsec. I — Declaração de nulidade ... 605
Subsec. II — Sub-rogação do credor ao devedor ... 606—609
Subsec. III — Impugnação pauliana ... 610—618
Subsec. IV — Arresto ... 619—622
Cap. VI — Garantias especiais das obrigações ... Art. 623—761
Sec. I — Prestação de caução ... 623—626
Sec. II — Fiança ... 627—655
Subsec. I — Disposições gerais ... 627—633
Subsec. II — Relações entre o credor e o fiador ... 634—643
Subsec. III — Relações entre o devedor e o fiador ... 644—648
Subsec. IV — Pluralidade de fiadores ... 649—650
Subsec. V — Extinção da fiança ... 651—655
Sec. III — Consignação de rendimentos ... 656—665
Sec. IV — Penhor ... 666—685
Subsec. I — Disposições gerais ... 666—668
Subsec. II — Penhor de coisas ... 669—678
Subsec. III — Penhor de direitos ... 679—685
Sec. V — Hipoteca ... 686—732
Subsec. I — Disposições gerais ... 686—703
Subsec. II — Hipotecas legais ... 704—709
Subsec. III — Hipotecas judiciais ... 710—711
Subsec. IV — Hipotecas voluntárias ... 712—717
Subsec. V — Redução da hipoteca ... 718—720
Subsec. VI — Transmissão dos bens hipotecados ... 721—726
Subsec. VII — Transmissão da hipoteca ... 727—729
Subsec. VIII — Extinção da hipoteca ... 730—732
Sec. VI — Privilégios creditórios ... 733—753
Subsec. I — Disposições gerais ... 733—735
Subsec. II — Privilégios mobiliários gerais ... 736—737
Subsec. III — Privilégios mobiliários especiais ... 738—742
Subsec. IV — Privilégios imobiliários ... 743—744
Subsec. V — Efeitos e extinção dos privilégios ... 745—753
Sec. VII — Direito de retenção ... 754—761

Kreditgeschäft erscheint somit einerseits als allgemeines Darlehen, andererseits als eine Art der Bankgeschäfte, weshalb es zu erwägen ist, auch andere Bankgeschäfte, die im weiteren Sinne mit einer Kreditierung verbunden sind, in die Gesamtregelung einzubeziehen. Sollte diesem Vorschlag gefolgt werden, müßte das Wertpapiergeschäft und damit das gesamte Wertpapierrecht in das System eingegliedert werden.

Das „depositum irregulare" zeigt die Verbindung zwischen Verwahrung und Darlehen. Die zivilrechtliche Grundfigur ist der Verwahrungsvertrag, im schweizerischen Recht Hinterlegungsvertrag genannt. Das schweizerische Obligationenrecht behandelt in den Art. 472 ff. den Hinterlegungsvertrag und in den Art. 482 ff. das Lagergeschäft. Nach den genannten Bestimmungen kann ein Lagerhalter, der sich öffentlich zur Aufbewahrung von Waren anerbietet, von der zuständigen Behörde die Bewilligung erwirken, für die gelagerten Güter Warenpapiere auszugeben, die nach der gesetzlichen Vorschrift als Namen-, Order- und Inhaberpapiere ausgestellt sein können. Diese wertpapierrechtliche Regelung weist auf den erwähnten Zusammenhang mit dem Wertpapierrecht zurück (vgl. Art. 965—1186).

c) *Beförderungsverträge*

Die wachsende Bedeutung der Verkehrswirtschaft innerhalb der Gesamtwirtschaft auf Grund der zunehmenden Intensität des Verkehrs und das sich steigernde Bedürfnis des einzelnen, am Verkehr zu Lande, zu Wasser und in der Luft teilzunehmen, erfordern die Ausprägung eines selbständigen Typus des Beförderungsvertrages und damit die Entfaltung einer in sich geschlossenen privatrechtlichen Materie „Beförderungsrecht".

Die meisten europäischen Zivilgesetzbücher lassen einen solchen Typus des Beförderungsvertrages vermissen, dagegen enthalten die Handelsgesetzbücher Regelungen der Speditions- und Frachtverträge.

Eine Ausnahme bildet u. a. das italienische Zivilgesetzbuch, das in den Art. 1678 ff. unter der Überschrift „Beförderung" allgemeine Bestimmungen aufstellt, denen besondere für die Personen- und Güterbeförderung folgen. Die Grundnorm lautet: „Durch den Beförderungsvertrag verpflichtet sich der Beförderer, Personen oder Sachen gegen Entgelt von einem Ort nach einem anderen zu befördern." Bedeutsam ist besonders die Bestimmung, die die Haftung des Beförderers regelt, der wegen der schädigenden Ereignisse verantwortlich ist, welche den Reisenden während der Fahrt persönlich treffen sowie wegen des Verlustes oder der Beschädigung der mitgeführten Sachen, sofern der Beförderer nicht beweist, alle zur Vermeidung des Schadens angebrachten Maßnahmen getroffen zu haben (Art. 1681 Abs. 1 C. c.). Die Regelung des Beförderungsvertrages schließt sich im italienischen Zivilgesetzbuch der des Werkvertrages als selbständige Institution unmittelbar an, wohingegen ansonsten der Beförderungsvertrag lediglich in der Literatur und Rechtsprechung als eine besondere Erscheinungsform des Werkvertrages behandelt zu werden pflegt.

Was den Speditionsvertrag angeht, so ist er in dem genannten Gesetzbuch mit der Kommission zusammen im Kap. IX „Der Auftrag" (Art. 1703—1741) geregelt. In Kap. X und XI folgen der Agentur- und Maklervertrag (Art. 1742—1765). Diese Einordnung des Stoffes deckt sich weitgehend mit der im schweizerischen Obligationenrecht in den Art. 394 ff. getroffenen. Auch diese beginnt mit dem Auftrag und führt über den Abschnitt „Der Kreditbrief und der Kreditauftrag" zum Mäklervertrag. Nach der an dieser Stelle systemfremd wirkenden „Geschäftsführung ohne Auftrag" (Art. 419 bis 424) folgen „Die Kommission", die Speditions- und Frachtverträge, schließlich „Die Prokura und andere Handlungsvollmachten" (Art. 458—465). Diese Anordnung hat manches für sich, mit der Einschränkung, daß die kaufmännische Repräsentation sinnvoller zum Unternehmerrecht geschlagen wird.

Der Zusammenhang zwischen den heterogenen Instituten wird vom Begriff der kaufmännischen Hilfsgeschäfte im Handel und Verkehr, insbesondere von der Vermittlung, hergestellt.

d) *Versicherungsverträge*

Der Gedanke der Geschäftsbesorgung leitet zu den Versicherungsgeschäften über. In den herkömmlichen, zivilrechtlichen Vertragssystemen nimmt der Versicherungsvertrag regelmäßig keinen ausreichenden Platz ein. Die Einteilung in Veräußerungs-, Gebrauchsüberlassungs-, Arbeits- und Sicherungsverträge sowie Gesellschaften und schlichte Rechtsgemeinschaften nimmt den Versicherungsvertrag nach der üblichen Gliederungsmethode nicht auf[39]. Der Versicherungsvertrag kann indes nicht außerhalb des zivilrechtlichen Vertragssystems bleiben, ist deshalb unter einem geeigneten Gesichtspunkt einzuordnen. Die Vorstellung eines Wagnisses erinnert an die Gruppe der Glücks- oder aleatorischen Verträge, zu welcher der Versicherungsvertrag in vergangenen Zeiten vielfach gerechnet wurde. Daß er aleatorische Züge und damit den Charakter eines gewagten Geschäftes aufweist, läßt sich nicht von der Hand weisen. Im Gegensatz zu Spiel und Wette sucht jedoch der Versicherungsnehmer nicht das Risiko, sondern will vielmehr die Folgen eines ihn gefährdenden Risikos, das ohnehin gegeben

[39] *H. Eichler*, Versicherung als Geschäftsbesorgung, in: Festschrift für *H. C. Nipperdey*, hrsg. v. *R. Dietz* und *H. Hübner*, Bd. I, München und Berlin 1965, S. 243.

ist, ausgleichen. Die Einreihung des Versicherungsvertrages in die aleatorischen Verträge fördert daher die Erkenntnis seines rechtlichen Wesens nicht[40].

Demgegenüber ist zu versuchen, den Versicherungsvertrag den sogenannten Geschäftsbesorgungsverträgen nahe zu bringen.

Der Versicherer übt als Unternehmer eine selbständige Tätigkeit wirtschaftlicher Art durch den Betrieb von Versicherungsgeschäften gegen feste Prämie aus, und zwar für einen anderen und in dessen Interesse, nämlich für denjenigen, der das betreffende Risiko vertraglich auf ihn überwälzt hat. Zum Begriff der *Geschäftsbesorgung* gehört, daß eine „Tätigkeit" übernommen wird, für die der andere ursprünglich selbst zu sorgen gehabt haben würde. Was übernommen wird, ist genau genommen nicht eine Tätigkeit wirtschaftlicher Art, für die der Versicherte ursprünglich selber zu sorgen gehabt hätte, sondern eine Vorsorge, die ihm üblicherweise selbst obliegt.

Begrifflich ohne Belang ist, daß der Versicherer hierbei ein eigenes Interesse mitverfolgt, da es nur auf den Tatbestand der fremdnützigen Tätigkeit im Interessenbereich eines anderen, gleich welcher Art, ankommt. Damit sind alle Merkmale einer Geschäftsbesorgung erfüllt. Sie bildet die Brücke vom Versicherungsrecht zur zivilrechtlichen Vertragsdogmatik[41].

Von anderer Seite wird der Versicherungsvertrag in die Nähe des Kaufvertrages gebracht, indem konstruiert wird, daß der Versicherungsnehmer durch den Abschluß des Versicherungsvertrages eine Anwartschaft auf eine Versicherungsleistung, und zwar für den Fall des Eintritts des Versicherungsfalles, entgeltlich erwirbt. Die Erlangung der Anwartschaft wird nach kaufähnlichen Gesichtspunkten behandelt[42].

---

[40] *Eichler*, a.a.O. S. 243, 244.

[41] *H. Eichler*, Versicherungsrecht, Karlsruhe 1966, S. 21, 22.

[42] *Möller* in seiner Besprechung des zitierten Lehrbuches von *Eichler*, Zeitschrift für die gesamte Versicherungswissenschaft 1967, S. 597 ff.: „Will man diese Verträge den genannten großen Typen schuldrechtlicher Verträge zuordnen und keinen Vertrag sui generis annehmen, so zählt der Versicherungsvertrag, bei dem nicht primär eine Arbeit oder ein Arbeitsergebnis des Versicherers entlohnt wird, zu den Verschaffungsverträgen: Der Versicherungsnehmer zahlt die Prämie dafür, daß ihm die Anwartschaft verschafft wird, bei Eintritt des Versicherungsfalles die Ersatzleistung oder Versicherungssumme zu erhalten, er „kauft" die Anwartschaft. Der Versicherer kann sich nicht mit einer bloßen Entlohnung für eine Geschäftsbesorgung begnügen, sondern er muß „Beiträge sammeln, damit nach Versicherungsfällen die versprochenen Geldleistungen aus der Kollekte, aus der Gefahrengemeinschaft erbracht werden können. Man kann die gesamten Leistungshandlungen des Versicherers einschließlich etwaiger Zahlungen als Gefahrtragung am besten bezeichnen, den Leistungserfolg beim Versicherungsnehmer als Anwartschaftsverschaffung."

Mit solchen Eingliederungen wird der Versicherungsvertrag in sinnvoller Weise in das System der zivilrechtlichen Verträge eingefügt, was notwendig ist, weil es keinen selbständigen handelsrechtlichen Typus neben dem des bürgerlichrechtlichen gibt. Selbst aber, wenn man der Auffassung ist, daß der Versicherungsvertrag weder in Analogie zur Geschäftsbesorgung noch zum Kauf erläutert werden darf, empfiehlt sich dennoch aus dem wirtschafts- und sozialpolitischen Grundgedanken, der vorangestellt worden ist, seine Einreihung in das entworfene Vertragssystem.

e) Nutzungsverträge

Was die sonstigen Vertragstypen im Bereich des Schuldrechts angeht, so sind nach dem Ausgangspunkt[43] noch diejenigen Verträge einzuordnen, die auf eine, wie auch immer geartete, *Nutzung* gerichtet sind. Von vornherein ist hierbei die Zwiespältigkeit zu berücksichtigen, die im System des bürgerlichen Rechts dadurch entsteht, daß schuldrechtliche Nutzungsrechte neben dinglichen an verschiedenen Systemorten existieren. Diejenigen Gesetzbücher, die Schuld- und Sachenrecht scharf trennen, sondern auch die schuldrechtlichen und sachenrechtlichen Nutzungsrechte voneinander ab, wiewohl der Inhalt des Rechts, nämlich die Nutzung, im wesentlichen die gleiche ist. Ob das Nutzungsrecht mehr schuldrechtlichen oder dinglichen Charakters ist, betrifft, von dem obigen wirtschaftlichen Zweckgesichtspunkt aus betrachtet, nicht so sehr das Wesen der Sache als vielmehr die rechtstechnische Gestaltung. Hinzu kommt, daß die Behandlung von Miete und Pacht als Schuldverhältnis im allgemeinen nicht einschränkungslos durchgeführt ist, weil ein gewisser dinglicher Einschlag vorhanden ist. Was in dieser Hinsicht das österreichische Recht anbetrifft, so kommt in Betracht, daß die Früchte schon durch die Trennung in das Eigentum des Pächters fallen, daß das Rechtsverhältnis bei Veräußerung der Sache nicht erlischt und daß es besonders durch Eintragung gegen den Nachfolger des Bestandgebers

---

[43] Besonders in der französischen Dogmatik des Schuldrechts werden die Verträge nach ihrem wirtschaftlichen Zwecke systematisiert. Ausgangspunkt ist hierbei der allgemeine Zweckgedanke, daß die Verträge dem Austausch von Gütern und Diensten dienen. „Le Code civil a réglementé les contrats usuels. Il n'a pas cherché à les classer suivant leur but économique. Ce mode de classement correspond pourtant à l'utilité du contrat. Les contrats servent à l'échange des produits et des services, le mot échange étant pris ici dans son sens économique et non das son sens juridique. Il y a différentes utilisations possibles des choses et des services; les contrats répondent à ces modes c'utilisation.“ (*Planiol - Ripert - Boulanger* II, a.a.O. Nr. 81, S. 36). Auf der Grundlage dieser Gliederung werden die Verträge in solche eingeteilt, die sich auf Sachen und Dienste beziehen sowie in die Kredit- und Versicherungsverträge. Die Gruppen der „contrats portant sur les choses“ haben entweder die Lieferung einer Sache zum Gegenstand oder aber die vorübergehende Nutzung einer Sache (louage, prêt) oder ihre Verwahrung.

verstärkt werden kann. Demgemäß wird in der österreichischen Literatur der Standpunkt eingenommen, daß das Recht des Bestandnehmers kein rein schuldrechtliches sei, sondern Bestandteile enthalte, welche es den beschränkt dinglichen Rechten annäherten. Dessen ungeachtet wird im Prinzip an der schuldrechtlichen Natur von Miete und Pacht festgehalten[44].

Unbeschadet der geschilderten Trennung nach schuldrechtlichen und sachenrechtlichen Rechtsformen sind die Nutzungsrechte unter dem Gesichtspunkt ihrer wirtschaftlichen Zwecksetzung in der vorliegenden Vertragsordnung zusammenzufassen. Diese beschränkt sich nicht auf schuldrechtliche Verträge, wie an der Einbeziehung des Hypothekenrechts ersichtlich wird.

Was zunächst die Miete angeht, so ist mehr als bisher zwischen jener von beweglichen und unbeweglichen Sachen zu differenzieren; bei der letzteren wiederum zwischen Wohnungsmiete und Miete von Betriebsräumen[45]. Soweit es sich um Wohnraum handelt, ist die Miete bereits in dem Buch „Schutz der Person" vorweggenommen worden, weil das Recht des einzelnen auf Wohnung dem Vertragsgedanken vorgezogen wurde.

Die Miete von beweglichen Sachen ist jedoch an dieser Stelle zu behandeln. Im Geschäftsleben hat sie in früher Zeit eine verhältnismäßig geringe Rolle gespielt, beschränkte sie sich doch ursprünglich auf Gegenstände des privaten Bedarfs. Um die Mitte des vorigen Jahrhunderts kam in den USA das industrielle Vermietungsgeschäft auf. Heutzutage fällt der Vermietung von Kraftfahrzeugen eine zunehmende Bedeutung zu. Ein spezieller Vertragstyp ist das sog. Leasing-Geschäft, bei welchem die Leasing-Gesellschaften an Stelle des Produzenten bestimmte Gegenstände vermieten. Die Leasing-Gesellschaft erwirbt den finanzierten Gegenstand vom Hersteller, um ihn den Kunden zum Gebrauch auf Zeit gegen ein entsprechendes Entgelt zu überlassen[46].

Im Pachtrecht erscheint eine Differenzierung nach landwirtschaftlicher und *gewerblicher* Pacht geboten, da in einer Reihe von Zivilgesetzbüchern nur die landwirtschaftliche Pacht in ihren verschiedenen Erscheinungsformen besonders behandelt wird. Weitere Differenzierungen ergeben sich aus der Notwendigkeit, zwischen Raummiete, Raumpacht und Pacht eines Unternehmens zu unterscheiden[47].

Die Verwertung von Schutzrechten im Bereich des gewerblichen Rechtsschutzes läßt sich unter den Gesichtspunkt des Nutzungsrechts

[44] *Klang - Gschnitzer - Klang*, a.a.O. § 1090 III.
[45] *Klang*, a.a.O. Vorbem. z. § 1090 III. S. 5.
[46] Vgl. hierzu *Koch - Haag*, Leasing in juristischer und wirtschaftlicher Sicht, ÖJZ. 1967, S. 505 ff. mit weiteren Hinweisen.
[47] *Larenz*, II 1967, S. 178.

im weiteren Sinne bringen. Der Rechtsinhaber hat die Möglichkeit unter Aufrechterhaltung des Eigenrechts einem Dritten die Befugnis zu erteilen, in gewissem Umfange sich dieser Rechte zu bedienen. Der Erwerber erhält ein abgeleitetes Recht, das sich inhaltlich mit dem übertragenen Ausschnitt des Schutzrechtes deckt. Die Lizenz ist besonders im Patentrecht und im Urheberrecht entwickelt worden[48].

Auch die sachenrechtlichen Formen sind in diesem Rahmen aufzulokkern, so z. B. der Nießbrauch nach der Seite des Unternehmensrechts als Nießbrauch an einem Unternehmen, die Dienstbarkeit in ihren typischen Anwendungsformen innerhalb des Wirtschaftslebens, besonders im gewerblichen Bereich, wofür als Beispiel die Tankstellenservituten dienen mögen.

Das Erbbaurecht, wiewohl auch ein Nutzungsrecht, ist systematisch besser als ein eigentumsähnliches Recht im Rahmen der Eigentumsordnung denn im vorliegenden Zusammenhang unterzubringen.

II. Abschnitt: Rechtserwerb und Rechtsverlust

Unter dem Titel Rechtserwerb und Rechtsverlust lassen sich folgende Rechtseinrichtungen zusammenfassen:

1. Kapitel:

a) Übereignung von Grundstücken
b) Übereignung von beweglichen Sachen
c) Gesetzlicher Erwerb des Eigentums

2. Kapitel: Recht auf Erwerb des Eigentums (Vorkaufsrecht)

3. Kapitel:

a) Abtretung
b) Vertrag zugunsten Dritter
c) Anweisung
d) Schuldübernahme
e) Vermögensübernahme
f) Schuldversprechen

4. Kapitel: Erfüllung und Nichterfüllung

5. Kapitel: Ungerechtfertigte Bereicherung

6. Kapitel: Schenkung, Stiftung, Sammelvermögen

7. Kapitel: Erbrecht

8. Kapitel: Verjährung

---

[48] *H. Hubmann*, Gewerblicher Rechtsschutz, München u. Berlin 1962, S. 138.

F. Rückblick und Ausblick

1. Zum Gesetzesbegriff

Weder die theoretischen Untersuchungen des Gesetzes noch die Erörterungen des Systems der Gesetze und der Rechtsordnung haben uns der Erkenntnis des Begriffes und des Wesens des Gesetzes näher gebracht, als es dem Stande der vorgetragenen Lehren entspricht. Die Aufgabe bestand ohnehin nicht in einer Lehre vom Gesetz. Aber es ist offensichtlich gemacht worden, daß die Rechtswissenschaft das Phänomen nur zu durchdringen vermag, wenn sie das Verhältnis des Gesetzes zum „Rechtsganzen" theoretisch bestimmen kann[1]. In dieser Hinsicht scheint die Entwicklung des *System*begriffes ein unerläßliches Erkenntnismittel zu sein.

2. Zum Systembegriff

Sowie der Begriff des Gesetzes bisher nur wenig von der Wesenheit bestimmt, sondern mehr aus überdeckenden Erscheinungen abgeleitet ist, so ist auch die juristische Vorstellung vom Begriff des Systems unscharf und uneinheitlich.

Einmütigkeit besteht jedoch darüber, daß sich die Notwendigkeit eines juristischen Systems aus der Einheit der Rechtsordnung und ihrem inneren Zusammenhang sowie aus dem obersten Rechtswert, nämlich dem Gebot der Gerechtigkeit und seiner Ausprägung im einzelnen, ergibt[2]. Geht man davon aus, daß es die Aufgabe des Systembegriffes ist, diese *Einheit* der Rechtsordnung und ihre „wertungsmäßige Folgerichtigkeit"[3] zu realisieren, so sind von vornherein Systembegriffe auszuscheiden, die etwa nur auf eine *äußere* Ordnung der Dinge, um deren Gliederung es geht, hinauslaufen oder auf ein *formal-logisches System* im Sinne der Begriffsjurisprudenz.

---

[1] *A. Merkl*, Gesetzesrecht und Richterrecht, Wissenschaftliche Vierteljahresschrift der Prager Jurist. Zeitschrift, 1922, Heft 12, S. 337—344.

[2] *W. Flume*, Allgemeiner Teil des bürgerlichen Rechts II. 1965, S. 295 ff. — *H. Coing*, Grundzüge der Rechtsphilosophie, Berlin 1950, S. 114.

[3] Zu diesem Postulat s. b. *W. Canaris*, Systemdenken und Systembegriff in der Jurisprudenz, Berlin 1968, S. 19 ff. — zum Ganzen s. auch *W. Burckhardt*, Methode und System des Rechts, Zürich 1936; sowie *W. Wilburg*, Entwicklung eines beweglichen Systems im bürgerlichen Recht, Graz 1950, S. 1 ff.

Ordnungen, die außerhalb des Rechts stehen, wie die Wirtschaftsordnungen, erzeugen kein juristisches System, auch nicht, wenn die Institutionen an diese Ordnungen angelehnt werden. Die Lebensverhältnisse und ihre immanente Ordnung[4] sind nur Objekte der rechtlichen Gestaltung.

Das *System* lediglich als eine Ordnung von *Werten* oder als „axiologische oder teleologische" Ordnung[5] *allgemeiner Rechtsprinzipien* aufzufassen, läßt zu sehr den konstruktiven *Aufbau* als Systemelement außer acht. Dieser „Aufbau" vollzieht sich herkömmlich auf der Grundlage überkommener Begriffe und Rechtseinrichtungen, die untereinander derart verbunden sind, daß bereits ein Systemansatz impliziert ist. Wie einerseits hinter „lex und ratio legis die übergreifende ratio iuris"[6] aufzudecken ist, müssen sich andererseits die „Grundwertungen" an dem rechtstechnischen Ordnungsprinzip entfalten, soll ein Rechtsganzes erwachsen. Das Eine ist ohne das Andere nicht vollziehbar[7, 8].

Indes kann hier dieser *rechtsphilosophischen* Kontroverse über die Art und Weise der Systembildung nicht weiter nachgegangen werden, ging es doch in der vorliegenden Untersuchung mehr darum, das bereits vorausgesetzte System der Rechtsgewinnung[9] nutzbar zu machen und das *Gesetz* in den Gesamtzusammenhang der Rechtsordnung sinnvoll *einzugliedern*. Zudem handelt es sich weniger um die Schaffung eines völlig neuen Systems als um seine Umbildung, um die Auflockerung „versteinerter"[10] Formen des Gesetzes und Systems.

3. Sphären des Gesetzes

Mit diesen Betrachtungen haben wir beide Phänomene, die zuerst getrennte Wege gingen, wieder zusammengeführt. Die Feststellung

---

[4] *Canaris*, a.a.O. S. 34.

[5] *Canaris*, a.a.O. S. 41 ff.

[6] *Canaris*, a.a.O. S. 38.

[7] s. auch *K. Larenz*, Wegweiser zu richterlicher Rechtsschöpfung. Eine rechtsmethodologische Untersuchung, in: Festschrift für *A. Nikisch*, Tübingen 1958, S. 299 ff.; sowie in dem oben zitierten Werk, S. 133 ff.; ferner *J. Esser*, Grundsatz und Norm a.a.O. S. 227 ff.

[8] Das vorgetragene Modell eines Systems des bürgerlichen Rechts stützt diese Synthese. Der Schutzgedanke vermochte nicht alle Normen und Einrichtungen zu decken. Im wesentlichen beschränkte er sich auf den „Schutz der Person". Im zweiten Buch „Der Rechtsverkehr" traten institutionelle Gesichtspunkte systembindend hervor, wie das Vertragssystem, der Rechtserwerb usw. Schließlich trug auch die Berücksichtigung der wirtschaftlichen Gegebenheiten zur Systembildung bei („Die Vertragsordnung der Wirtschaft"). Ob in dieser Methode ein Systembruch liegt, stehe dahin. Gegebenenfalls müßte er in Kauf genommen werden.

[9] *M. Kriele*, Theorie der Rechtsgewinnung, Berlin 1967.

[10] *A. Steinwenter*, a.a.O. S. 45 ff.

nämlich, daß das System nicht nur eine formal-logische Kategorie, sondern eine teleologische Ordnung darstellt, ist in einem weiteren und gewandelten Sinn für das Gesetz zu treffen; etwa in der Weise, daß die Rechtsnorm nicht nur ein logisch abstrakter Satz ist, sondern ein Teil unserer im ständigen Fluß der Bewegung befindlichen Lebensordnung selbst. „Die Lebensordnung der Rechtsregel ist aber nicht außer uns gegeben, sie ist ein Teil von uns selbst, sie ist unser geistiger Besitz oder sie ist überhaupt nichts[11].“ Zurückbezogen auf das Gesetz bedeutet dies, daß es mit seinem normativen Inhalt *teilhat* an der gesamten Daseinsgestaltung. Diese „Teilhabe“ könnte den Ansatz für eine Lehre von den Sphären des Gesetzes bilden: das Gesetz in der *Sphäre* der *Rechtserzeugung*, der *Rechtsanwendung* und des *Individuums*. In diesem Aufbau bewahrheitet sich, daß das Gesetz weder die „einzige, noch die höchste Stufe der Rechtsordnung“[12] ist. Es kommt aber auch die Verantwortlichkeit des Gesetzes für seine Anwendung im *Rechtsbereich des einzelnen* zum Ausdruck. Die Thematik beginnt sich von der Problematik „Gesetz und System“ zu verschieben und auf eine andere Ebene zu gelangen: Es ist das uralte Spannungsfeld, in dem sich das Gesetz und der Mensch begegnen.

Der Sinn der *Natur der Sache*[13], die nicht nur Gegenständliches ergreift, umfaßt auch die menschliche Natur in ihrer Relation zum Gesetz. Der Mensch wird hierbei nicht als das Maß der Dinge, sondern als immanente Seinsbedingung des Rechts verstanden. Es ist der Gedanke, den in anderer Formulierung *Boehmer*[14] ausgesprochen hat, daß nämlich die Personen und Gegenstände des sozialen Lebens einen Sinngehalt tragen, der — unbeschadet ihrer außerrechtlichen Eigenart — auf ihre normative Gestaltung in den Gesetzen einwirkt.

Ein Erfordernis aus der Natur der Sache ist in diesem Problemkreis auch die Ordnung, in der die Menschen miteinander leben, sowie das System ihrer Repräsentanz übertragen auf die Ebene der Gesetzgebung,

---

[11] *L. Bendix*, Zur Psychologie der Urteilsfähigkeit des Berufsrichters u. andere Schriften. Soziologische Texte Bd. 43, Neuwied-Berlin 1968, S. 159.

[12] *H. Kelsen*, Die Lehre von den drei Gewalten oder Funktionen des Staates, in: Die Wiener Rechtstheoretische Schule, hrsg. von *H. Klecatsky, R. Marcic* u. *H. Schambeck*, Wien/Frankfurt/Zürich/Salzburg/München 1968, S. 1625.

[13] So zuletzt etwa *H. Schambeck*, Der Begriff der „Natur der Sache“, Wien 1964, S. 38 ff. — Zur Natur der Sache als Wertungsquelle s. denselben S. 68. Hinsichtlich der Dogmengeschichte s. bes. *M. Gutzwiller*, Zur Lehre von der Natur der Sache, Neudruck in: Elemente der Rechtsidee, Basel und Stuttgart 1964, S. 134 ff.; *G. Radbruch*, Die Natur der Sache als juristische Denkform, in: Festgabe zu Ehren von *R. Laun*, Hamburg 1948, S. 161 ff.; *H. Coing*, Grundzüge der Rechtsphilosophie, Berlin 1950, S. 118 ff.; *G. Stratenwerth*, Das rechtstheoretische Problem der Natur der Sache, Tübingen 1957; *A. Kaufmann*, Analogie und Natur der Sache, Karlsruhe 1965. Weitere Nachw. bei *Wieacker*, a.a.O. S. 427 Anm. 37.

[14] Grundlagen der bürgerlichen Rechtsordnung, II/1, Tübingen 1951, S. 161 ff.

deren nähere inhaltliche Bestimmung der allgemeinen Staatslehre vorbehalten bleiben muß. In den Grundsatz der Repräsentation ist immer die Forderung eingeschlossen, daß das Gesetz, wiewohl es nicht oder doch nicht zwangsläufig Ausspruch einer absoluten Wahrheit ist, vom Bürger des Staates grundsätzlich Gehorsam beanspruchen kann, „ohne daß er die Gefahr zu fürchten hätte, hiermit sein Gewissen überfordern zu müssen"[15]. Damit ist aber auch gesagt, daß das verständliche Streben der Gesetzgebungsorgane nach ständiger Identität mit dem Volk und Identifizierung mit den dort jeweils bestimmenden — mehrheitlichen — Vorstellungen, die von Tradition und Natur der Sache stärker als von anderen Bewußtseinseinheiten beeinflußt zu sein pflegen, seine Schranke in dem Freiheitsanspruch eines jeden Bürgers findet; er soll sich dem Gesetz unterwerfen können, ohne daß dies unter objektiven Maßstäben eine Änderung seiner Persönlichkeit bedeutet, soll im Gehorsam gegenüber dem Gesetz mit sich als Individuum identisch zu bleiben vermögen. Nur so entspricht das Gesetz seiner Aufgabe, staatliches Machtmittel zur Durchsetzung obrigkeitlichen Befehls und menschliche Lebensform in der Gestalt des Rechts zu sein.

Von diesem Standpunkt gesehen, tritt noch einmal der Normadressat ins Blickfeld. Die von seiner Position aus erhobenen Anforderungen wie Kundmachung, Erkennbarkeit, Verständlichkeit des Gesetzes sind hier nicht zu wiederholen. Die Lehre vom Adressaten des Gesetzes interessiert im gegebenen Rahmen nur insoweit, als es sich um die systematische Ordnung und die Förderung der Erkennbarkeit[16] handelt, weil in der Gedankenverbindung die Verflochtenheit von Gesetz und System zum Ausdruck gelangt. Nicht nur daß Aufbau und Gliede-

---

[15] *H. Krüger*, Allgemeine Staatslehre, 2. Aufl., Stuttgart-Berlin-Köln-Mainz 1966, S. 282; s. ferner u. a. *G. Leibholz*, Strukturprobleme der modernen Demokratie, 3. Aufl., Karlsruhe 1967, S. 145 ff.; *P. Schneider*, Prinzipien des totalitären Staats- und Rechtsdenkens, in: Fragen des Staatsrechts im Ostblock, Berlin-Zehlendorf-West 1958, S. 17 ff.; s. ebenda *S. Mampel*, Der Wählerauftrag im Staatsrecht der Sowjetzone, S. 77 ff.

In diesem Zusammenhang ist schließlich noch auf das System nebenparteilicher Einflußgruppen wie etwa der Gewerkschaften und Arbeitgeberverbände und anderer Interessenorganisationen einzugehen. Daß die Wahrnehmung der organisierten Interessen nicht das Volk in seiner politischen Einheit repräsentiert und keine politische Gesamtordnung zustandebringt, hat besonders *W. Weber* (Mittelbare und unmittelbare Demokratie, in: Festschrift für *K. G. Hugelmann*, Bd. II, Aalen 1959, S. 765—786) näher dargetan und mit Recht von dieser Zwischenschaltung gefordert, daß sie vom demokratischen Standpunkt nur dann gerechtfertigt ist, „wenn sie es zuwege bringt oder neben sich zuläßt, daß ein in öffentlicher Verantwortung stehendes Staatsregiment zustandekommt und dieses überzeugend und sichtbar von der Zustimmung des Volkes getragen ist" (S. 786). — Zu dieser Kontroverse s. auch *J. H. Kaiser*, Die Repräsentation organisierter Interessen, 1956.

[16] *U. Krüger*, a.a.O. S. 97 ff. — vgl. hierzu auch die reichhaltigen Arbeiten von *P. Noll* zur Gesetzgebungslehre. — s. ferner *H. Bartholomeyczik*, Die Kunst der Gesetzesauslegung, 2. Aufl., Frankfurt/Main 1960, S. 18 ff.

rung die Orientierung und Einsicht, das Verständnis und den Überblick bestimmen können, sie vermögen auch die tragenden Rechtsgedanken in sinnvoller Ordnung zu offenbaren. Noch tiefer wurzelt die Adressatenproblematik, die weniger nach der Richtung und dem Empfänger sowie nach der Geltung des Gesetzes und ihrem Grunde fragt, als nach der Verhaltenswirksamkeit der Norm und der „Motivation des Adressaten"[17, 18]. Hierin kündigt sich die Antithese von dem erfüllten und unerfüllten Gesetz an. Im Grunde genommen umschließt alles dieses die vielschichtige und tiefgründige Beziehungswelt, die zwischen dem Gesetzgeber und der Rechtsgemeinschaft besteht. Indes greift die Bemühung um diese Erkenntnis über die Thematik „Gesetz und System" hinaus.

---

[17] *U. Krüger*, a.a.O. S. 69.

[18] Sein positives Verhältnis zum Gesetz, und zwar sein Verhalten gemäß dem Gesetz, wie es der Erwartung des Gesetzgebers entspricht, bewirkt die Erfüllung der Norm. Damit sich der einzelne zum Handeln gemäß den Gesetzen verpflichtet betrachtet, ist es erforderlich, daß die „nécessité sociale", die diese Gesetze auszudrücken berufen sind, als auf den einzelnen zugeordnet aufgefaßt wird (*H. Batiffol*, La philosophie du droit, Paris 1966, S. 127: „comprise comme ordonnée à la fin personelle de l'homme").

Namensverzeichnis

Sachverzeichnis

FSC
www.fsc.org
MIX
Papier | Fördert
gute Waldnutzung
FSC® C083411

Kolibri 360 GmbH
Ferdinand-Jühlke-Straße 7
99095 Erfurt, Deutschland
produktsicherheit@kolibri360.de

Druck:
CPI Druckdienstleistungen GmbH
im Auftrag der
Kolibri 360 GmbH
Ferdinand-Jühlke-Str. 7
99095 Erfurt